ALOIS SENEFELDER

Erfinder der Lithographie,

geb. den 6. November 1771, gest. den 26. Februar 1834.

ALOIS SENEFELDER

Erfinder der Lithographie.

Festschrift

zum

100sten „ Geburtstage Senefelder's,

am 6. November 1871,

von

Ludwig Pietsch.

Eigenthum des Berliner Comité zur Errichtung eines
Senefelder-Denkmals in München.

THEODOR BOESCHE in Berlin,
Vorsitzender.

Springer-Verlag Berlin Heidelberg GmbH

Additional material to this book can be downloaded from http://extras.springer.com.

ISBN 978-3-662-30303-0   ISBN 978-3-662-30336-8 (eBook)
DOI 10.1007/978-3-662-30336-8
Softcover reprint of the hardcover 1st edition 1871

Fachgenossen und Freunde der Lithographie werden dringend gebeten, sich für die Verbreituug dieser Schrift im Jnteresse feines Zweckes recht warm zu verwenden.

I.

Die Geschichte der grossen Erfindungen und Entdeckungen, welche unendlichen Segen für die Menschheit im Gefolge gehabt haben, ist meistens auch die Geschichte des Martyriums der Entdecker und Erfinder. Auch im Reich des Geistes scheint jener Fluch immerdar seine Macht und Wirkung zu üben, welcher jede Geburt an Schmerzen knüpft. „Aus tiefem Gemüth, aus der Erde Schooss, will Manches dem Tage entgegen; doch soll es wachsen und werden gross, so muss es sich rühren und regen". Nicht der „Lichtgedanke", welcher den Geist des Erfinders durchzuckt, für sich ist es, welcher die wirklich folgenreiche Erfindung macht, ebensowenig, wie die glückliche Inspiration das Kunstwerk ist. Fleisch und Blut, volles, kräftiges, gesundes Leben muss er und sie zuvor gewinnen. Und damit das geschehe, dazu bedarf es des Antriebs durch Noth, Ehrgeiz oder die besondere Art von Begeisterung, welche ich die technische nennen möchte, und bedarf es andererseits der Arbeit, der Mühsal des Kampfes mit dem spröden Stoff, des Werbens um das in ihm verborgne Geheimniss seiner Kräfte und seines Lebensgesetzes, und des noch schwereren Kampfes gegen die, vom Gesetz der Trägheit und Beharrenslust bedingte Menge, gegen den Neid, die Missgunst, den Zorn gekränkter Interessen und gekränkter Eigenliebe. Es giebt keine Erfindung oder Entdeckung, welche nicht gewisse Interessen Andrer und gewisse Eitelkeiten schädigten und beleidigte. Und keine Erfinder und Entdecker,

keiner, dieser Segenspender, dieser Vermehrer des der Menschheit gegebenen Schatzes von Bildung und Wohlsein, der nicht
als ersten Lohn und Dank den Rückschlag solcher Kränkung
empfangen hätte. Alois Senefelder stellt in seiner Per-
sönlichkeit wie in seinem Schicksal den echten Typus des Erfinders dar. Ausserordentlich mannigfach begabt, und eben
dadurch von Haus aus keineswegs in eine einseitig bestimmte
Richtung des geistigen Schaffens und Forschens gewiesen,
dankte er die Wahl des Weges, welcher ihn zum Ziel seiner
herrlichen Erfindung führen sollte, eigentlich mehr der Noth,
dieser grossen Lehrerin und Meisterin in der Erziehung des
menschlichen Scharfsinns, und dem scheinbar launenhaften
Zufall. Aber jene fand in ihm eben den gelehrigsten Schüler;
und wenn dieser Zufall ihm gleichsam „den Stein der Weisen”
an die Hand gab, so mangelte der Weise keineswegs dem
Stein. Der instinctive Blick des berufenen Genies errieth
die Kraft und Tugend, die jenem innwohnte; Verstand,
Wissen, Fleiss und eine durch kein Misslingen, keine Enttäuschung niederzubeugende Energie vereinigten sich in ihm,
um zur vollen Erkenntniss des Wesens dieser Kräfte durch-
zudringen, sie zur willigen Dienerin seiner Idee zu machen,
und so die Ausdrucks- und Hülfsmittel des menschlichen
Geistes um eines der ausgiebigsten wirkungsreichsten, ver-
wendungsfähigsten zu vermehren. Von der Noth getrieben
war es ihm beschieden, diese Erfindung zu machen, die Tau-
senden neben ihm und nach ihm Reichthümer spenden sollte.
Er selbst blieb mittellos, fast arm, in kleinen engen bürger-
lichen Verhältnissen sein Leben lang. Es erging ihm nicht
viel anders als Columbus: von den unermessnen Schätzen der
neuen Welt, welche dieser für die Völker der alten fand und
öffnete, rollte so gut wie er nichts in seinen Schooss. Nicht
mit einer ähnlich festen Vorstellung von dem, was er zu finden
auszog, wie dieser, war Senefelder mehr ausgegangen wie Saul,
„um seines Vaters Eselinnen zu suchen” und brachte ein
Königreich heim, von dessen Existenz er nichts geahnt hatte.

Aber von dessen Reichthümern hat er nichts geerntet. Das Finden selbst däuchte ihm der beste Lohn. Schon im Suchen, Arbeiten, steten Vervollkommnen fand er sein Glück und seine liebste Befriedigung; und halb ärgerlich, halb gutmüthig lachend überliess er es den kleinen engern, gewitzteren und praktischen Leuten, das auszunutzen zum eignen Vortheil, was er durch Genie und unablässiges Mühen für Alle entdeckt und erobert hatte.

Senefelder's Vater war Schauspieler, aus Königshofen gebürtig, und spielte an der Prager Bühne, als ihm, der mit einer zahlreichen Familie gesegnet war, dieser Sohn Alois am 6. November 1771*) geboren wurde. Eine Anstellung des Vaters an der Münchner kurfürstlichen Hofbühne veranlasste die Uebersiedlung nach Baiern, Alois hatte die Lust am Theaterwesen, an den Werken der dramatischen Dichter und am Vortrag derselben mit der Muttermilch eingesogen. So mag es ihm wenig nach Wunsch gewesen sein, dass der Vater, in der entschiedenen Absicht, keins seiner Kinder die von ihm selbst geübte Kunst als Lebensberuf wählen zu lassen, ihn zum Studium der Rechte bestimmte. Auf dem Gymnasium zu München und später auf der Universität zu Ingolstadt erwarb er seine wissenschaftliche Bildung. Seine Liebe zum Theater konnte freilich dadurch nicht in ihm erstickt, ja kaum bei Seite gedrängt werden. In den Mussestunden spielte er auf Liebhaberbühnen. Durch das Reproduciren der von Andern geschaffenen dramatischen Gestalten allein nicht befriedigt, unternahm er es selbst, kleine Stücke zu entwerfen. Doch müssen schon damals bei dem jungen Mann diese poetisch-künstlerischen Neigungen Hand in Hand mit andern gegangen sein, die sich sonst nur selten damit zu verbinden pflegen. Wie den jungen Studenten Wolfgang Göthe zwanzig Jahre vor ihm, lockten auch ihn die Werke und Kräfte der Natur, nicht

---

*) Mehrfach oft das Jahr 1772 als das seiner Geburt angegeben. Da er aber selbst das Jahr 1789 sein 18. nennt, so dürfte 1771 als das richtige anzusehn sein.

minder als die der Poesie zur Beschäftigung mit ihnen und zur Erkenntniss ihres verborgnen Waltens. In der Erzählung der Geschichte seiner Erfindung deutet er klar darauf hin: die während seiner Studienzeit erworbenen chemischen Kenntnisse sind ihm bei seinen ersten, auf ein Vervielfältigungsverfahren gerichteten Versuchen von Wichtigkeit geworden.

In der Faschingszeit des Jahres 1789 berieth er mit einigen gleichaltrigen Freunden über die beste, während derselben von ihnen zu veranstaltende lustige Unterhaltung. Ein Stück aufzuführen, wurde in Vorschlag gebracht. Ein Stück aber, in welchem keine Frauenrollen vorkämen und in welchem jedem der Genossen eine gute dankbare Rolle gewiss wäre. Das war schwer bis zur Unmöglichkeit unter den vorhandnen zu finden. Auf die Aufforderung eines aus der Gesellschaft, Kürpinger, entschloss Senefelder sich, ein solches Stück zu schreiben. In 8 Tagen war ein muntres einaktiges Lustspiel „der Mädchenkenner" vollendet. Die Privatbühne, welche die Freunde zu dessen Aufführung zur Verfügung zu haben gehofft hatten, konnten sie durch Zufall nicht erhalten. Durch Vermittlung seines Vaters aber wurde ihnen die Münchener Hofbühne selbst eingeräumt. Alles gelang nach Wunsch. Die jungen Schauspieler so gut wie der Autor wurden von einem dankbaren Publikum mit Beifall überschüttet. Und welches Glück! Als Alois dadurch veranlasst sein Stück hatte drucken lassen, kaufte ihm ein Münchener Buchhändler die noch von ihm unverschenkt gebliebenen Exemplare für eine Summe ab, dass ihm nach Abzug aller Kosten noch ein Ueberschuss von 50 Gulden blieb.

Nichts ist verlockender für die Wahl eines Lebensberufs als der erste baare Erwerb und Gewinn, den man durch irgend eine Leistung, ein Handgeschick oder eine geistige Thätigkeit erwirbt. Alois Entschluss, sich dem Theater als Dichter und Schauspieler zu widmen, stand seit diesem Erstlingserfolg fest. Den Widerspruch des Vaters, das einzige Hinderniss der sofortigen Ausführung dieses Entschlusses, beseitigte zwei Jahre später (1790) dessen Tod. Alois Hoffnung, bei der Hofbühne angenommen zu werden, hatte ihn getäuscht. Weil seine Mutter mit der grossen, des Ernährers beraubten Familie vom Kurfürsten eine grössere Pension erhielt, als ihr gesetzlich zukam, so richtete sich ein allgemeiner Collegenneid und Hass gegen sie und die Ihren, welcher auch dem Sohn diese Bretter verschloss. Er trat das Wanderleben des Schauspielers von einer kleinen Bühne Süddeutschlands zur andern an. Zu allen Zeiten ein ziemlich trauriges Leben, in jenen aber, man sehe im Wilhelm Meister nach, vorzugsweise. Nach zwei Jahren hatte er zur Genüge von dieser Art Künstlerlaufbahn. Ausschliesslich auf literarischen Erwerb, auf den Ertrag seiner dramatischen Production gedachte er fortan seine Existenz zu basiren. Mehrere Stücke hatte er bereits fertig. Ohne das Manuscript einem Verleger anzubieten, bestellte er in der Hübschmann'schen Druckerei zu München den Druck des einen davon. Mit dem ersten Druckbogen aber wendet er sich doch an jenen Buchhändler Leutner, der ihm den „Mädchenkenner" abgenommen hatte. Er findet ihn auch diesmal bereit; nur möge er den Druck so fördern lassen, dass die ganze Auflage zur Ostermesse fertig sei, dann solle ihm ein Honorar von 100 Gulden nach Abzug aller Kosten sicher sein. Aber Herr Hübschmann kann das von ihm Geforderte nicht leisten. Erst 14 Tage nach dem vereinbarten Termin vermag in Folge davon Senefelder seine Abzüge an Leutner zu liefern. Sein gehofftes Honorar schmilzt so zusammen, dass es kaum nur die Druckkosten deckt. Das war ein harter Schlag für den armen, des Geldes so dringend bedürftigen, brodlosen Schauspieler und Theaterdichter. Für die Welt jedenfalls ein desto grösseres Glück. Diese Situation, diese drängende bittre Noth erweckte zuerst sein schlummerndes technisches Genie und die ganze Spannkraft seines Charakters.

An der Abhängigkeit von der Leistungsfähigkeit eines Buchdruckers waren die sichern Erwartungen eines guten Verdienstes gescheitert. Daraus zog er als nächsten Schluss den:

Lerne deine Stücke selbst drucken, und du bist unabhängig
von Andern und kannst nach Belieben deine Geistesproducte
vervielfältigen und verwerthen. Der Gedanke ergreift und
beherrscht ihn sofort so vollständig, dass das Interesse an dem
technischen Mittel den Zweck gänzlich in den Hintergrund
drängt. Aber — wieder zum Glück — übt der absolute Geld-
mangel seine hier wahrhaft schicksalvolle Wirkung. Hätte
er nur so viel besessen oder aufzutreiben vermocht (so schrieb
er später), um sich Lettern, Papier und eine kleine Presse zu
kaufen, so wäre er schwerlich je zu weitern Versuchen und
damit zur Erfindung des Steindruckes gelangt. Sein einmal
angeregter in seine ihm eigensten natürlichen Bahnen gedräng-
ter Geist fängt sofort zu brüten, zu suchen, zu zeugen an.
Die praktischen Ideen und Projecte stiegen wie „in Geschwa-
dern" in ihm auf; und ohne Zögern und Zaudern war die Hand
thätig, die Probe der Realisirbarkeit zu machen. Er dachte
daran, seine Lettern vertieft in Stahl zu stechen und diese
dann wie Prägstöcke in Birnbaum-Hirnholz einzuschlagen um
so eine Art Holzschnittdruck zu gewinnen. Die Ausführung
scheiterte eben an der gänzlichen Unzulänglichkeit seiner Mittel
zur Beschaffung der auch dazu nothwendigen Werkzeuge.
Ebenso musste aus demselben Grundmangel ein andrer Gedanke aufgegeben werden, welcher ziemlich dem der viel später
erst erfundenen und zur praktischen Anwendung gelangten
Stereotypie entsprach: mit soviel Lettern, als es bedürfen
würde, eine einzige Columme oder Seite zu setzen, dachte er
einen vertieften Eindruck in weicher Erde, d. h. einem aus
Thon, Sand, Mehl, Kohlenstaub und Wasser zusammen ge-
kneteten Teige zu machen, und mit langsam gewärmten Petschierwachs einen Ausguss von der so gewonnenen Form her-
zustellen. Dieser, zumal wenn das Wachs durch eine Beimischung von fein geriebnem Gips zum Siegelwachs eine, die
der Letternmasse noch übertreffende Härte erhalten hätte,
musste, mit Buchdruckerschwärze eingeschwärzt, vollkommen
als stereotypische Tafel zu reinen Drucken dienen können.

Aber auch zu Fortsetzung und Ausbeute dieses Versuchs liess ihn die Noth nicht gelangen. Dann verfällt er auf das Radiren in Kupfer. Erst die Druckschrift fliessend auf Papier schreiben lernen und dann diese gewonnene Uebung dazu verwenden, mit elastischer Stahlfeder diese Spiegelschrift auf eine, wie zum Radiren mit Aetzgrund überzogene Kupferplatte zu übertragen, welche dann geätzt und wie eine mit Nadel oder Grabstichel bearbeitete vom Kupferdrucker abgezogen werden könne, das war sein Plan. Das Verkehrtschreiben hatte er bald gelernt, aber auf dem Kupfer ging es nicht so bequem wie auf dem Papier. Sprang die Feder aus, machte er Fehler oder unreine Striche, so sah er sich, unbekannt mit dem Deckfirniss der Kupferstecher, welcher sich so leicht über die falschen Stellen legen lässt, schnell trocknet und wieder als Aetzgrund dient, in der Unmöglichkeit, die Schäden zu repariren. Geschmolzenes Wachs, mit dem Pinsel darauf getragen, gab für die Feder einen zu grossen Widerstand. Er suchte und experimentirte, sich seiner alten Studien entsinnend, mit Harz-, Fett-, Wachs-, Unschlittlösungen in Weingeist und Terpentinöl; endlich mit Wachs und Seife, am Feuer geschmolzen, mit Kienruss geschwärzt in Regenwasser aufgelöst. Mit der Mischung dieser, nur zum Zweck des Deckfirniss erfundenen Tinte hatte er nichts ahnend einen Hauptschritt nach seiner grossen Entdeckung hin gethan.

Aber er besass nur ein Kupferplättchen zu seinen Uebungen. Das Abschleifen desselben nach jedem Druck, welchen ihm ein befreundeter Besitzer einer kleinen Kupferdruckpresse besorgte, kostete jedes Mal ein paar Stunden, und mit Schrecken sah er die Decke der Platte bedenklich von Mal zu Mal schwinden. Versuche, dem Kupfer ein andres Ersatzmittel in Gestalt eines zinnernen Tellers seiner Mutter unterzuschieben, misslangen, vielleicht wegen einer Beimischung von Blei in diesem Material. Da verfiel er darauf, ein Stück einer Platte von Kelheimer Sandstein, dessen er sich zum Farbenreiben bedient hatte, zu demselben Zweck zu erproben,

d. h. nur zu dem seiner Schreibübungen in Aetzgrund, noch
ohne den Gedanken eines Abdrucks von Stein selbst. Er
überzog ihn mit Aetzgrund und fand das Schreiben auf ihm
in jeder Hinsicht angenehmer, bequemer und sicherer. Aber es
konnte nicht lange dauern, dass ihm dabei die Absicht kommen
musste, auch einmal diese Art Steinradirung zu ätzen, zumal
da ihm ein Steinmetz zugesagt hatte, ihm solche Kelheimer
Platten bis zu 3 Zoll Dicke zu verschaffen, bei welchen also
die gefürchtete Gefahr des Zerspringens beim Druck wegfiele.
Aetzen, das sah er, liess sich der Stein mit geringerem und
verdünnterem Scheidewasser leichter als das Kupfer. Die
einzige Schwierigkeit lag noch darin, entweder dem Stein eine
glättere Politur zu geben, dass die Farbe nicht an den nicht
geätzten Stellen haften blieb, oder dieser Farbe eine passende
Zusammensetzung, dass sie sich leichter und reiner abwischen
lasse, als es mit der Druckerschwärze gelingen wollte. Senefelder steckte mitten in den Mühen, zur besten Beseitigung dieser Schwierigkeiten, zum geeignetsten Polirmittel des Steins
und der diesem entsprechendsten Farbe zu gelangen. Diese
glaubte er schliesslich in einer Composition von leichtem Oelfirniss mit einer Frankfurter Schwärze und etwas Weinstein
fein gerieben, welche sich mit einer schwachen Auflösung von
Pottasche und Kochsalz in Brunnenwasser leicht vom Stein
wegwischen liess, entdeckt zu haben. Da gab ein kleiner un-
bedeutend scheinender Zufall seinen Bemühungen eine ganz
andre Richtung. Er hatte eben eine seiner Kelheimer
oder Solenhofer Kalksteinplatten behufs neuer Ueberziehung
mit Aetzgrund sauber abgeschliffen, als seine Mutter von ihm
einen Waschzettel eiligst geschrieben verlangte. Die Schreibtinte
war eingetrocknet — man sieht der Schriftsteller musste in
ihm bereits völlig dem experementirenden Chemiker und Drucker
gewichen sein! — kein noch so kleines Stück Papier fand sich
zur Hand. So griff er, da die Wäscherin wartete, um nur
das Verzeichniss irgend wie zu fixiren nach seinem Stein und
seinem flüssigen Deckfirniss, und schrieb, ihn als Tinte

benutzend, dasselbe auf die Platte hin. Seinem immer arbeitenden, wissbegierigen Geist kam die Frage, was wohl aus
dieser Schrift mit Wachstinte auf Stein werden würde, wenn
er letztere mit Scheidewasser behandelte, und, so umgekehrt
wie beim Kupferätzen, die nicht beschriebene Fläche der
Platte ätzen würde. Er machte, wie um eine radirte Kupferplatte, seinen Wachsrand, goss eine Mischung von 1 Theil
Scheidewasser und 10 Theilen Wasser darauf, liess dieselbe
5 Minuten lang 2 Zoll hoch stehen, goss sie ab, und fand
mit begreiflicher Genugthuung die gehoffte Wirkung vollbracht
und seine vom Scheidewasser unangriffene Schrift um die
Dicke eines Kartenblattes über die Fläche des, der Aetze aus-
gesetzt gewesenen, Steins erhöht. Das Einschwärzen der Schrift
machte zunächst noch einige Schwierigkeit. Der Lederballen
mit der Farbe, dessen er sich anfangs dazu bediente, erwies
sich als zu weich und nachgiebig und brachte daher die
Schwärze auch in die Zwischenräume der so wenig erhöhten
Züge. Er sah, dass es eines festern horizontalen Aufträgers
bedurfte, und griff, nach einigen Versuchen mit einem Stück
Spiegelglas und einer Metallplatte, zu einem dünnen Brettchen
von einem Schachteldeckel, mit einer Ueberlage von feinem
Tuch und einem ganz gleich gehobelten 1 Zoll dicken Brettchen. Das erwies sich als ein vollkommenes und alle seine
Anforderungen befriedigendes Werkzeug.

II.

Mit dieser immerhin originellen Erfindung war freilich der
lithographische Druck, im eigentlichsten Sinn noch nicht erfunden. Jene Methode, die das Hochdruckverfahrens auf Stein, hat
auch in der späteren Folge keine besondere Entwicklung und

allgemeinere Anwendung erhalten. Sie ist ihrem Wesen nach mechanisch und hat daher nichts gemein mit der eigentlichen Lithographie und dem echten Steindruck, welche durchaus auf chemischen Eigenschaften und Wirkungen beruhen und von Senefelder erst drei Jahre später, 1799, erfunden wurden.

Aber jene Erfindung des Hochdrucks vom Stein statt des bisherigen Kupfertiefdrucks hatte für Senefelder natürlich die Wirkung, sein Herz mit neuen Hoffnungen und seinen Geist mit kühnen Plänen zu erfüllen. Er sah, dass die Abdrücke von diesen hochgeätzten Steinen weit reiner ausfielen, als die früher mit der tiefgeätzten Schrift gemachten; dass das Einschwärzen geschwinder ging, der Druck einer viel geringeren Kraft bedürfe, als die dort erforderlich gewesene. An der Bewilligung eines Privilegiums durch die Regierung, oder einer Unterstützung zur Ausnutzung und Ausbildung seiner Erfindung zweifelte er nicht. Aber alle diese Hoffnungen und Einsichten halfen ihm nicht hinweg über die dringende Noth des Augenblicks, gaben ihm noch nicht die Mittel, die ersten bescheidensten Materialien und Werkzeuge, deren er zum Drucken bedurfte, eine kleine Presse, Papier, Solenhofer Platten etc. zu erwerben. Umsonst war jedes Bemühen, die Auslagen dazu irgend vorschussweise zu erhalten. Charakteristisch ist der Ausweg, auf welchen er unter diesen Umständen verfiel, für die seltsame Mischung von opferfreudigem Idealismus, von jener allen Widerwärtigkeiten trotzenden Begeisterungskraft und praktischem verständigem Combinationsvermögen in seiner Natur. Ein bei der Artillerie dienender Bekannter Senefelders bot für einen Ersatzmann, gegen dessen Stellung ihm der erwünschte Abschied zugesagt war, 200 Gulden Handgeld. Er entschloss sich kurz, diese Summe zu verdienen und bot sich als Ersatzmann an. Er rechnete so: nach einigen Wochen der Exercierübung würde er leicht Urlaub erhalten und dann, im Besitz dieser Mittel, nach Belieben drucken, mit dem dabei erworbenen Gelde aber den grösseren Theil seiner Wachten abkaufen, später wohl auch seinerseits wieder einen Stell-

vertreter für sich werben können. Andernfalls wären die sechs
Jahre seiner Dienstzeit auch keine Ewigkeit, und gerade bei
der Artillerie würde er Gelegenheit vollauf haben, sich durch
seine besonderen Kenntnisse in der Mathematik und Mechanik
auszuzeichnen. So trat er hoffnungsvoll als Rekrut mit einem
Transport Neuenrollirter den Marsch nach Ingolstadt an, das
er als Student verlassen hatte.

Aber ein gnädiges Geschick ersparte ihm die Durchführung
seines heroisch-rührenden Entschlusses bis zu Ende. Er hatte
in der ersten, in der Kaserne verbrachten Nacht bereits Grund
genug erhalten, im Anblick der Korporalsrohheit die Sache
in anderm Lichte zu sehn, als die Mittheilung, dass er nicht
in Bayern, sondern im Auslande, in Prag, geboren sei, sein
Vorhaben noch in der letzten Stunde vereitelte. Die Militair-
behörde musste dem Gesetz nach ihm die Aufnahme in die
Armee verweigern.

Diese Enttäuschung mag er nach den kurzen Erfahrungen
von der Art des damaligen Soldatenlebens doch nicht allzu
schmerzlich beklagt haben. Aber es galt wieder, die Jagd
nach den unentbehrlichen Paar Gulden von Neuem zu beginnen.

Die Betrachtung des ziemlich schlechten Notendrucks,
von dem ihm der Zufall eine Probe an die Hand spielte,
brachte ihn auf den Gedanken, wie vortheilhaft seine Erfindung gerade für den Notendruck sei, wie weit er den
bisher üblichen mit bleiernen Lettern durch den mit seinen
Steinen übertreffen könne. Sollte es nicht möglich sein, einen
Musikalienverleger davon zu überzeugen und soweit zu interessiren, dass er ein Darlehn als Anlage-Kapital daran wage?

Aber schüchtern und unentschlossen trotz dieser ganz
verständigen und wohlbegründeten Ansicht stand der junge
Mann an der Thür des Musikalienhändlers Falter in München.
Er ging fort und kehrte wieder, um ihn geradezu anzusprechen;
und gewann dann doch nicht den Muth dazu. Aber einen
ihm bekannten Musiker begegnete er, den er fragte, ob er

nicht Herrn Falter oder sonst einen Verleger kenne, der Musikalien drucken lasse. „Jenen kenne er zwar nicht, aber den Hofmusikus Gleissner, der, so viel er wisse, eben Kirchenmusikstücke kerauszugeben beabsichtige."

Der aber war auch Senefelder noch von seinen Theaterzeiten wohl bekannt; und er sowohl, wie seine tüchtige Frau, denen Senefelder von diesem Tage an für sein ganzes Leben lang zu treuem Zusammenwirken verbunden blieb, waren schnell gewonnen und durch die Proben überzeugt. Gleissner konnte sich angesichts der Herstellung und des überraschend gelungenen Resultates nicht gegen die Erkenntniss von den Vorzügen und der Bedeutung des neuen Druckverfahrens verschliessen. Er erbot sich, freiwillig die Mittel zur Einrichtung der nöthigen kleinen Druckerei zu beschaffen. Eine, ob auch ziemlich rohe Presse hatte Senefelders Mutter bereits für 6 Gulden von einem Zimmermann herstellen lassen. Sie bekam auch bald genug einen Sprung; aber man richtete sich auch damit ein, und es gelang nach Wunsch. Zwölf Lieder wurden von Gleissner, zum Clavier componirt, von seinem jungen elfrigen Associé auf Stein abgeschrieben, geätzt und mit Hülfe eines Tagelöhners 120 Mal in guten Drucken abgezogen — und Alles das innerhalb 14 Tagen. Und der baare, ach so trostreiche! Lohn der Erfindermühe, die sich hier mit der künstlerischen Arbeit des Componisten vereinigt hatte, liess diesmal nicht auf sich warten: Falter kaufte 100 Exemplare von den Liedern für 100 Gulden. Alle Auslagen, einschliesslich der unverlornen, noch oft zu gebrauchenden Steinplatten, aber beliefen sich auf 30 Gulden. 70 Gulden in 14 Tagen — dieser, dem Glücklichen so glänzend erscheinende Reingewinn war der erste, welchen der Solenhofener Kalkstein dem Erfinder der Lithographie zuführte.

Das Glück schien in gnädiger Laune, und die Zeit der Entschädigung des Vielgeprüften war für Opfer und Enttäuschungen gekommen. Der Kurfürst Karl Theodor sandte für das ihm gewidmete Exemplar des nach dem neuen

Verfahren gedruckten Liedes 100 Gulden aus der Kabinets-
kasse und verhiess die Ertheilung eines Privilegiums für das
neuerfundene Verfahren. Dazu trug der Druck von „Duetten für
zwei Flöten" von Gleissner wiederum 40 Gulden ein, und eine
Gräfin Herting machte die Bestellung des Drucks einer Cantate Cannabichs auf den Tod Mozarts, für 150 Gulden, innerhalb vier Wochen zu liefern. Auch die Münchener Akademie
der Wissenschaften versagte der Erfindung und dem Erfinder
eine freilich höchst originelle Art der Anerkennung nicht.
Er hatte ihr ein Exemplar der Lieder mit einer Erklärung
über die Vortheile dieses Steindruckverfahrens eingereicht, in
welcher auch des wichtigen Umstands seiner verhältniss-
mässigen Billigkeit Erwähnung gethan wurde: auf einer Presse
sei diese Arbeit gedruckt, die nicht mehr als 6 Gulden gekostet habe. Darauf hin erhielt er von jener erleuchteten
Körperschaft den Bescheid, dass dieselbe „wohlgefällig über
seine Eingabe votirt" und ihm eine beifolgende Ehrengabe
von 12 Gulden bewilligt habe, mit welcher er, als dem dop-
pelten Betrage seiner Auslagen (nach eigener Anführung) wohl
zufrieden sein werde." —

Schlimmer als diese, wenn auch nicht gerade erfreu-
liche Erfahrung wurden für Senefelder gerade die nächsten
Folgen der ersten guten Einkünfte durch ein ganz sonder-
bares Missgeschick. Jene erste Sechsguldenpresse mit dem
2 Zoll weiten Spalt, welcher nach dem ersten Tage schon
der Länge nach ihre Walzen durchriss, gestatteten diese
Einnahmen ihm, endlich zu verwerfen und durch eine neue
schöne Presse nach Wunsch zu ersetzen. Aber welche
peinvolle Ueberraschung, als statt der nun so sicher erwarteten, doppelt guten, reinen und tadellosen Abzüge trotz
aller Sorgfalt immer nur verschmierte, gänzlich unbrauch-
bare Drucke unter derselben hervorgingen. Vergebens blieben
alle Bemühungen, dies Verderben zu vermeiden, eben so wie
die, den Grund und den Quell des Unheils zu entdecken.
Senefelder sagt selbst, er habe über der Angst und Sorge

um die unerklärliche Erscheinung den drohenden Verlust und des Credits seiner Person wie seiner Anstalt völlig den Kopf verloren gehabt. Bei einiger Ruhe hätte er klar darüber werden müssen. Aber erst nach zwei Jahren, als er bereits die sogenannte „Galgenpresse" erfunden hatte, erkannte er die Ursache des Gelingens mit jener alten schlechten und dieses verhängnissvollen Missglückens mit der guten neuen Presse. Jene lag darin, dass er eben durch den Spalt der Walze, um nicht alle Abdrücke zu verderben, genöthigt war, mit der Spaltstelle den Druck · anzufangen, um mit der Umdrehung den ganzen Peripherie der Walze auszukommen und nicht jene Stelle etwa in der Mitte des Papiers zur Wirkung gelangen und damit den Druck unvollständig werden zu lassen. So wurde der Stein, da man ihn mit seinem Anfang unter der Spalte brachte, beim Umdrehen der Walze, unter welcher er sich dadurch bereits befand, sogleich ergriffen und durchgezogen. Bei der neuen Presse hingegen musste die obere Walze um den Stein unter sich zu bringen, ihn vorher zwischen beide Walzen hineinziehen. Sie zog aber zuerst die über den Rahmen gespannte Leinwand so lange an sich, bis diese nicht mehr nachgab, und den Stein mit Gewalt unter die Walze brachte, wodurch nun das unter der Leinwand befindliche Papier mit über den eingeschwärzten Stein gezogen und verschmutzt wurde.

Die Wochen vergingen. Aber nur die Papiervorräthe wurden nutzlos verdorben und aufgezehrt in vergeblichen Versuchen, des Schadens Meister zu werden. Schon belief sich derselbe auf 150 Gulden. Die Bestellerin des Drucks der Cantate drängte, der Termin der contractlich eingegangenen Ablieferungsfrist stand vor der Thür — und noch kein einziger gelungener Abdruck! Dabei aber, allen Betheiligten zur wirklichen Verzweiflung, die alte, gute, schlechte, schadhafte und doch erst tüchtige Presse gleich beim Dienstantritt der neuen und untauglichen voreilig als altes Holz in's Feuer geworfen!

Die einzige Errettung schien, in der möglichst schnellen Herstellung einer Presse nach anderem Princip. Es sollte mit dem senkrechten Druck von oben her versucht werden, „nach Art der (damaligen) Buchdruckerpressen." In 7 Tagen war sie aus dem Rohen fertig. Aber die Druckresultate blieben ungenügend, und bei dem enormen Druck (mehr als 1000 Ctr.), den ein aus der Höhe von 10 Fuss auf die Platte gesenkter Stein von 3 Ctr. Schwere, wie er ihn schliesslich anwandte, auf jene übte, zersprang sie beim dritten, zuweilen schon beim ersten Mal. Es fehlte sogar nicht viel, dass dieses Abzugverfahren durch senkrechten Druck einer colossalen Last ausser den zerbrechlichen Platten auch dem Erfinder selbst das Leben gekostet hätte. Eines Tages kam die Stange, welche die von der Höhe niederhängende Steinlast in der Schwebe über der Platte hielt, in's Rutschen, während Senefelder sich gerade darunter befand. Ohne dass sie sich mitten in dieser beschleunigten Bewegung in einer zufällig auf ihrer schiefen Bahn befindlichen Vertiefung plötzlich wieder fest gestellt hatte, wäre dies gedankenvolle und erfindungsreiche Haupt unfehlbar von dem stürzenden Stein zerschmettert worden. Es musste noch ein anderes Verfahren zu finden sein. Die Erinnerung an ein, von ihm während seiner Schreibversuche auf Kupfer zuweilen angewendetes, welches ihm die Presse mitunter ersetzt hatte, eine Art Handdruck durch allseitiges, gleichmässiges Hin- und Herreiben mit einem polirten Holzstück auf der über das feuchte Druckpapier gelegten, festen, steifen Papierdecke kam ihm wieder und damit auch die Frage, ob sich etwas Aehnliches nicht im Grossen auf seine Steinplatten anwenden lassen möchte. Es schien zu gelingen, d. h. so lange er selbst mit aller Sorgfalt die Manipulation ausführte. Schnell errichtete er noch zwei dergleichen Pressen und stellte sechs dazu angelernte Arbeiter an dieselben. Aber bald zeigte sich die Unmöglichkeit, sich auf diese zu verlassen; kaum der sechste Abzug erwies sich als brauchbar.

Von drei Ries Papier erzielte er schliesslich 33 Drucke! — Er fühlte sich am Ende seines Hoffens und seiner Hülfsmittel. Der Termin der Ablieferung war verflossen, Manuscript und Papier wurde ihm abgenommen. Gleissner sollte den durch das Verderben des Papiers verursachten Schaden ersetzen. Die Aussicht auf Bewilligung eines kurfürstlichen Privilegiums schwand gänzlich für eine Erfindung, welche durch diese unglückliche Bewährung zum Gespött der bereits zahlreich erweckten Feinde und Neider des Erfinders geworden war.

Falter allein vermochte noch zu retten. Er willigte darein, auf seine Kosten eine grosse Walzenpresse bauen zu lassen und Senefelder zu gestatten, auf der in der Falterschen Wohnung aufgestellten, des letzteren Verlagswerke von den, durch Senefelder in seiner eigenen Wohnung bereiteten Steinen zu drucken. Um besseren Gelingens sicher zu sein, hatte dieser die obere wie die untere Walze mit sogenannten Sternen versehen lassen, die nun beide genau gleichzeitig angezogen und umgedreht werden mussten, um gute Abdrücke zu ergeben. Ein Arrangement der Musik der Zauberflöte für Quartett von Danzy war das erste Werk, das von Senefelder auf Stein geschrieben, von ihm und Frau Gleissner auf dieser verbesserten Presse bei Falter gedruckt werden sollte. Aber seine treue und geschickte Helferin wurde durch die Erkrankung ihres Mannes als Pflegerin an dessen Bett abberufen. Senefelder war von dem Schreiben der Platten in Anspruch genommen, überliess den Druck Falters Leuten — und das Resultat war, dass eine solche Menge von Papier durch dieselben verdorben wurde, dass Falter die ganze Druckerei verleidet wurde und er für seine Noten wieder zum Kupferstich zurückkehrte.

Die Bekanntschaft mit dem Schulrath Steiner in München, welche Senefelder in dieser Zeit machte, veranlasste neue Versuche und wenigstens eine hervorragende Erfindung wieder nach einer andern Seite hin. Er war durch jenen, welcher von ihm die Herstellung des Notenstichs für eine Sammlung geistlicher Lieder zum Kirchengesang wünschte, angeregt worden, ein Verfahren zu suchen, mittelst dessen es möglich würde, diese Musikzeilen gleichzeitig mit den Textworten wie Lettern auf der Buchdruckerpresse zu drucken. Das zuerst versuchte Herausarbeiten der Notenschrift durch tiefes Ausstechen der geätzten Zwischenräume aus dem Stein erwies sich als schwieriger, wie selbst das Holzschneiden. Aber ein Andres gelang ihm bei diesen Bemühungen: er verfiel darauf, dem Stein einen etwa 3 Kartenblätter dicken Ueberzug, von Gips, Butter und Alaun gemischt, zu geben und in diesen trocken gewordenen Grund seine Schrift bis auf die Steinfläche durchzustechen. Der Ueberzug erwies sich als vortrefflich haltbar, unter den Strichen nicht ausspringend und auch zur feinsten Radirung geeignet. In diese darein geritzten und gegrabnen drückte er mittelst der Handpresse erwärmtes Petschierwachs, und brachte damit einen sehr genauen Ausguss der negativen Form heraus, von welchem sich nach dem Erkalten der daran hängen gebliebene weisse Grund rein abfegen liess. Mit gleichem Erfolg gelang es, das Petschierwachs durch ein metallisches Gemisch von Blei, Zinn und Wismuth zu ersetzen und somit druckfähige Platten von ausserordentlicher Schärfe und Feinheit des Strichs und der Zeichnung zu erzielen.

Von Senefelder nicht weiter verfolgt, ist diese Erfindung in späterer Zeit doch durch die Anwendung der Galvanoplastik zur Herstellung jener Gussdrucke zur Wichtigkeit und neuen Verwendung gelangt. Eine andre, die wahre und entscheidende Hauptentdeckung seines Lebens, welche alle seine bisherigen Bestrebungen und Versuche krönen sollte, nahm alle seine Kräfte bald danach zu sehr in Anspruch und beschäftigte seine Aufmerksamkeit zu ausschliesslich, um jene weiter zu verfolgen und auszubeuten.

Auf die Benutzung seiner Steinzeichnung und ihres Hochdrucks zur Herstellung nicht nur von Schrift- und Noten-

2*

zeichen, sondern von Vignetten und andern bildlichen Darstellungen hatte Schulrath Steiner ihn bereits mehrfach hin-
gewiesen. Die neue Kunst schien so geeignet, das Bedürfniss
nach ganz billigen, in Masse zu verbreitenden Bildchen auf's
beste zu befriedigen. Zum Schmuck der Gebetbücher wie zur
Vertheilung an die Jugend durch die Pfarrer und zum ganz
wohlfeilen Verkauf schienen sich so statt durch den theuren
Kupferstich vervielfältigte Bilder am besten herstellen zu lassen,
die man selbst erfunden, oder nach vorhandnen guten Gemälden, Stichen, Meisterwerken der Kunst kopirt haben mochte.
Er verzagte nicht daran, sich allenfalls selbst noch zum geschickten Zeichner heran zu bilden. Aber darum konnte er
doch zunächst der Mitwirkung solcher nicht entrathen. Und
die wiederum kamen mit hohen Anforderungen bei geringer
Leistungsfähigkeit und geringster Ausdauer. So wie sie die
Schwierigkeiten sahen, blieben sie fort.

Senefelder war gewohnt gewesen, während der drei
Jahre des Zusammenarbeitens mit Gleissner, von diesem
die Noten mit Bleistift auf die Steinplatten vorgeschrieben zu
sehn, und sich auf die Ausführung dieser skizzirten Zeichen
mit seiner Steintinte zu beschränken. Nun war Gleissner er-
krankt, und arbeitsunfähig: Jener musste die ihm so beschwer-
liche Vorarbeit daher gleichfalls seinerseits übernehmen. Und
sie war ihm so ungelegen, unbequem und fatal. Nun sollte
er für den Schulfond in Cursivschrift ein Gebetbuch auf Stein
schreiben. Viel lieber hätte er sich an der Schrift auf Papier
begnügt und diese dann auf den Stein abgezogen. Dass sich
von feuchtem Papier die mit Bleistift darauf gezogenen Striche
beim Durchziehn durch die Presse leicht so sich selbst gleichsam auf die Platte übertrugen, bestätigte ihm wiederholte
Erfahrung. Es musste sich, so schloss er, doch auch eine
Tinte machen lassen, um die Noten mit derselben auf Papier
zu schreiben und von diesem gleich sauber und correct auf
den Stein ab- oder umzudrucken. Bald hatte er die dazu
passende Mischung gefunden: Leinöl, Seife und Kienruss in

Wasser aufgelöst. Damit machte er die Probe, liess Noten-
papier damit rostriren und beschreiben, und der Umdruck
zeigte auf dem Stein das klare genaue Spiegelbild dieser
Schrift, die es dann nur noch mit seiner lithographischen Tinte
nachzuziehen galt. Nun ward es Probirens, Mischens und Experimentirens bei ihm kein Ende. Bei solchen Versuchen, das
Papier so zuzurichten und eine solche Tinte zur Schrift zu
mischen, dass diese von jenem beim Umdruck gänzlich auf
den Stein entlassen würde, kam er zum ersten Mal zur Anwendung eines der wichtigsten Hauptingredienzien beim chemischen Steindruck, auf den arabischen Gummi. Einige Versuche waren nicht nach Wunsch gelungen; die Abdrücke wurden nicht scharf und gleichmässig genug. Da überstrich er
das Papier mit Gummiwasser, worin Eisenvitriol aufgelöst
worden war. Das getrocknete beschrieb er mit seiner Steintinte. War diese wieder eingetrocknet, so befeuchtete er das
Papier wieder, liess es eine Zeit lang liegen, um es zu er-
weichen und druckte es auf' den, zuvor mit einer äusserst
dünnen Lösung von starkem Oelfirniss in Terpentinöl über-
strichenen Stein. Eine Besserung war damit erreicht; aber nicht
die angestrebte Vollkommenheit des Umdrucks. Die Zahl der
Versuche wuchs in die Tausende. Die Hauptsache war, dass
für ihn daraus die Erkenntniss eines der Fundamentalsätze
der ganzen Lithographie erwuchs, der, dass die „Nässe, besonders schleimigte Nässe, wie z. B. die Gummi-Auf-
lösung, sich der fetten Tinte widersetzte."
Ebenso machte er die Beobachtung, dass, wenn er ein
mit seiner fetten Steintinte beschriebenes, und nach dem
Trocknen der Tinte nassgemachtes Papier in Wasser tauchte,
auf dem einige Tropfen irgend eines Oeles, z. B. Lein- oder
Baumöl schwammen, sich das Oel gleichmässig an allen Stellen
der Schrift ansetzte und das übrige Papier, zumal wenn es
vorher mit Gummiwasser, oder sehr dünnem Kleister überzo-
gen war, kein Oel annähme. Wie würde sich, fragte er, ein
mit gewöhnlicher Druckerschwärze gedrucktes Blatt dabei ver-

halten? Er zog ein solches durch Gummiwasser, legte es mit der Rückseite auf einen Stein und tupfte es überall gleichmässig mit einem in Oelfarbe getauchten Schwamm. Diese blieb nun an den Buchstaben haften — das Papier aber weiss. Ein anderes reines Papier wurde darauf gelegt, und als beide durch die Presse gegangen waren, hielt er auf letzterm einen reinen guten Abdruck des erstern in der Hand. Bis zu 50 Abzüge konnte er von dem einen Blatt machen und der Abzug erwies sich, nach dem Trocknen als Original behandelt, als eben so zu gebrauchende Druckplatte, wie das erste Originalblatt.

Eine der Druckerschwärze ähnliche, gut trocknende Mischung fetter Tinte hatte er bald dafür gefunden (Colophonium, feingeriebene Silberglätte, Kienruss, Oelfirniss und Potasche mit Wasser verdünnt) und er konnte mit Leichtigkeit, ohne Hülfe des Steins, jedes gedruckte Blatt durch sich selbst vervielfältigen. Hindernd dabei erschien nur die geringe Haltbarkeit des Materials, des als Original dienenden Papiers. Die war es, welche ihn veranlasste, zu erproben, ob sich denn nicht vielleicht die Steinplatte nach demselben Princip behandeln liesse, nicht auch auf ihn nur die mit der fetten Tinte bedeckten Stellen die Farbe annehmen und die nassen dieselbe abstossen möchten.

Damit war er unmittelbar an den Kern seiner grossen Entdeckung herangetreten. Die geistige Arbeit, die ihn bis dahin geführt hatte, war sein ausschliessliches Verdienst. Aber wie sich fast immer, — „was den Thoren niemals einfällt," — „Verstand und Glück verketten," so war es das gute Glück, jene ziemlich räthselhafte und doch nicht abzuleugnende Macht, die in den Geschicken der Menschen und der Geschichte der Entdeckungen eine so wesentliche Rolle spielt, welches ihm gerade in den Solenhofer Kalksteinplatten das einzig für das Gelingen wirklich und völlig geeignete Material zugeführt hatte. Unter allen existirenden Steinarten sind nur die aus kohlensauerm Kalk bestehenden für diese Behandluug verwend-

bar, und unter ihnen doch wieder keine andern in solchem
Grade, wie diese Platten aus den Solenhofener Brüchen. Der
Grund dieser ihrer besonderen Tugend liegt bekanntlich in
ihrer feinen Porosität, welche ihnen die grosse Aufsaugungs-
fähigkeit giebt, und gleichzeitig in der chemischen Eigenschaft
des Kalkes, welcher an sich ein Alkali und mithin in Verbindung mit einer Säure ein Salz darstellt. In Wasser unlös-
lich, tritt der Kalk des Steins andrerseits mit andern Säuren,
z. B. Salz- oder Salpetersäure, bereitwillig in Verbindung und
lässt im Aufschäumen die frei gegebene Kohlensäure ent-
weichen, worin eben der chemische Process des Aetzens
besteht.

Auf eine reingeschliffene Solenhofener Platte zeichnete
Senefelder zu jenem entscheidenden Versuch Striche mit einem
Stückchen Seife, d. h. also einer Verbindung eines Alkali mit
einem Fettstoff. Darauf goss er dünnes Gummiwasser über
die Fläche und nachdem sie getrocknet, überging er sie mit
dem, in seine Druck-Oelfarbe getauchten Schwamm. Wie
er erwartet hatte, blieb die gummirte Fläche rein und weiss
und die mit der Seife bezeichnete nahm willig die Farbe an.
Er zog den Stein durch die Presse, und das Papier darauf
zeigte einen klaren guten Abdruck. Immer wieder angefeuch-
tet und wieder mit der Farbe überfahren, zeigte er sich immer gleich druckfähig. Eine gewisse Blässe des Druckes fand
er durch Einschwärzung der Schrift mit einem ledernen, mit
Rosshaar gestopften Ballen bald zu beseitigen.

Nun versuchte er, mit seiner Tinte Noten auf den reinge-
schliffenen Stein zu schreiben, zum Zweck ihres chemischen
Abdrucks. Das Fliessen der Tinte darauf hatte er früher
(beim Schreiben für sein altes Hochdruckverfahren) immer durch
vorheriges Abputzen der Platte mit Leinöl oder Seifenwasser
verhindert. Dass das bei der neuen Druckerei so nicht anzu-
wenden sei, sah er leicht. Aber durch Behandlung mit der
Aetze musste es gelingen, den Uebelstand nachträglich vor
dem Drucken und vor dem Auftragen des Gummiwassers zu

beseitigen. Auch das gelang nach Wunsch. **Die Lithographie war erfunden.** Nach drei Tagen schon konnte er, der ein Jahr zuvor (1798) die Stangen- oder Galgenpresse erdacht und für sich construirt hatte, mittelst des neuen chemischen, d. h. des ersten lithographischen Druckverfahrens vollkommen reine und schöne Abdrücke herstellen. Nur ganz kurze Zeit nach dem ersten Gelingen noch hatte er gemeint, eine ob auch leichtere Erhöhung der Zeichnung gegen die übrige Fläche durch das Aetzen hervor bringen zu müssen. Bald überzeugte er sich, dass es auf d i e s e Erhebung überhaupt nicht mehr ankäme. Die wahre chemische Arbeit der beim Aetzen aufgegossenen Säure war nun nicht mehr das Einfressen in den Kalk durch Austreibung der Kohlensäure, sondern die A u f l ö s u n g d e r S e i f e d e r Z e i c h n u n g. Die Fettsäure in derselben wird aus ihrer Verbindung mit dem Alkali ausgeschieden, sobald die ätzende Salzsäure darauf tröpfelt. Diese verbindet sich mit letzterem zu einem neuen Salz, das Fett tritt nach aussen und die Zeichnung wird so zu einer durch die spätere Anfeuchtung des ganzen Steins unlöslichen. Das Gummiwasser aber saugt sich, auf porösen Kalkstein gebracht, so schnell und tief in denselben ein, dass es, einmal darauf getrocknet, auch durch das Uebergehen mit dem nassen Schwamm nicht mehr daraus zu entfernen ist, als schleimige Flüssigkeit aber um so sicherer den mit ihr getränkten Stein befähigt, die darüber gebrachte Druckfarbe abzustossen, welche somit ausschliesslich an dem Fett der Seifenschrift oder Zeichnung haftet.

Vor Senefelders beglückter Seele stand sofort in voller Deutlichkeit die ganze Fülle der Consequenzen, welche sich aus seiner Entdeckung ergeben mussten. Die Seife, durch entsprechende, ihr Festigkeit und Farbe gebende Zusätze musste mit leichter Mühe zur lithographischen Kreide gemacht werden können und jede künstlerische Zeichnung auf Stein zeigte sich als möglich und ausführbar. Zeichnete er seine Buchstaben, Linien oder Züge mit Gummiwasser auf den Stein und

überging er die Fläche desselben mit Fetttinte, so musste sich
die lichte Zeichnung auf dunkelm Grunde drucken. Stach
er mit Nadel und Grabstichel in die Aetz- und Gummidecke
der Platte seine Schrift hinein, so konnte er sicher sein, die
Druckerschwärze beim Uebergehen ausschliesslich in den vertieften Stellen haften und von der gummirten höhern Fläche
abgestossen zu sehen; damit hatte er die Gravirmanier in
Stein, ein ander Ding wahrlich, als seine alte Hochätzmanier
erhalten! Kehrte er die Steinbehandlungsweise um, überzog
er den Stein statt mit Gummiwasser mit Oel und nahm zur
Druckfarbe eine mit Gummiwasser bereitete, so nahmen nur
nasse Stellen die Farbe an und es eröffnete sich ihm die Aussicht, mit allen Wasserfarben drucken zu können.

Man sieht: Die Lithographie hat im Verlauf ihrer ferneren Entwicklung zwar Riesenschritte in der Ausbildung der
einzelnen Zweige, der technischen Vervollkommnung, der künstlerischen Hand und des Druckverfahrens gemacht. Aber
eigentlich erfunden ist von den Späteren nichts mehr, was
nicht Senefelders genialer Geist schon in den ersten Stunden
ihres Geburtstages nicht blos dunkel geahnt, sondern klar er-
schaut, erkannt, angegeben und sofort auch mit gutem Gelingen praktisch ausgeführt hätte.

Vielen und gerechten Aerger hat es unter solchen Umständen dem lebhaften und auf sein geistiges Eigenthum mit
Recht stolzen Manne verursacht, dass er wiederholt während
seines Lebens sich die Originalität und die eigne Autorschaft
seiner Erfindung bestritten sehn musste. Ja, diesem seinem
durchaus unberechtigten Bestreiter, dem Domdechanten Schmidt
in München, ist sogar nach seinem Tode die unverdiente Ehre
eines öffentlichen Denkmals, als des Erfinders der Lithographie,
in München geworden. Und doch hat nachweislich Schmidt,
von dessen Versuchen und Arbeiten Senefelder während der
seinigen keine Ahnung hatte, nichts vor 1796 erreicht, als
eine rohere und schlechtere Art des Hochdrucks vom geätzten
und danach in den Zwischenräumen der Schrift mit stählernen

Werkzeugen tief ausgestochenen Stein. Ein in der Frauen-
kirche zu München von ihm gesehener Stein mit erhabenen
Buchstaben und Zeichnungen sollte ihm den Gedanken ein-
gegeben haben, das müsse mit Scheidewasser geätzt sein;
und das müsse sich auch auf feineren Schriften und Zeichnungen anwenden, diese dann aber zum Druck einschwärzen
und benutzen lassen. Dass diese Thatsache Senefelder den
Ruhm und die Ehren des Erfinders rauben sollte, ist allerdings
ein Anspruch, den dieser mit Heftigkeit zurückzuweisen, guten
Grund hatte.

III.

Die schlimme Zeit der Prüfungen schien für Senefelder
ihr Ziel erreicht zu haben. Mehr, als er geahnt und erstrebt
hatte, sah er gefunden. Eine durchaus neue originelle Erfindung
war ihm zu machen gelungen. Nichts schien fortan die Aus-
breitung derselben und die glänzende Verwerthung zu den
mannigfaltigsten künstlerischen und industriellen Zwecken verhindern, den Erfinder und die so lange treu mit ihm ver-
bündet Gewesenen um die wohlverdienten lohnenden Früchte
so vieler Arbeiten und Sorgen, um die vollste Sicherheit der
fernern Lebenslage bringen zu können.

Es war eine Erlösung für ihn gekommen; aber es war
auch die höchste Zeit gewesen, dass sie eintrat. Der arme
Gleissner hatte, um die für die Presse, Papier und vergeb-
liche Versuche gemachten Schulden zu tilgen, sich von seinem
kärglichen Gehalt von 300 Gulden jährlich einen jährlichen Abzug von 100 Gulden gefallen lassen müssen. Senefelder's eigner Gewinnst während dieser Unheilsjahre war ganz
geringfügig. Ging doch Zeit und Einnahme grossen Theils

bei seinen zunächst keinen Ertrag abwerfenden Experimenten
darauf. Dabei aber wollte während derselben Zeit der Unterhalt der fünf Personen der Gleissner'schen Familie bestritten
werden. Aber trotz dieser harten Zumuthungen, welche in
Folge des langen Missgeschicks an Gleissner's Geduld, aus-
dauernden Glauben und Vertrauen gestellt wurden, trotzdem
derselbe nach und nach fast seinen ganzen kleinen Besitz zu
Gelde hatte machen müssen, bewährte er, seit er „in seines
Glückes Schiff mit ihm gestiegen," sich dem Freund treu und
standhaft. Und, was noch merkwürdiger und nach anerken-
nenswerther war, seine Frau nicht minder, deren natürlich
beengterer Gesichtskreis und weiblicher, mithin stärker ent-
wickelter Familienerhaltungstrieb ihr ähnliche Opfer und ähnliches Ausdauern noch schwerer und empfindlicher erscheinen
lassen mussten.

Die Ausdehnung des gesammten Betriebes und die Erweiterung der Druckerei war nun für Senefelder und Gleissner
die erste Sorge. Die Proben ihrer gegenwärtigen Leistungen
mittelst des neuen Verfahrens waren von so überzeugender
Güte, dass Verdienst und Anerkennung nicht ausbleiben konnten.
Sie verdienten bis 10 Gulden täglich und das ersehnte Privilegium alleiniger Ausbeutung der Erfindung auf 15 Jahren
für Baiern durch den neuen Fürsten Max Joseph verliehen,
wurde ihnen endlich bewilligt. Aber das Privelegium und
sain Geheimniss ängstlich zu hüten, dazu war Senefelder nicht
der Mann. Anfangs gleich nach der Erfindung des chemischen
Drucks hatte er zwei seiner Brüder Theobald und Georg vom
Theater zu sich genommen und in allen Manipulationen des
Steinschreibens, Aetzens und Druckens unterwiesen. Zwei
Lehrjungen waren ausserdem zu Druckerburschen angelernt,
oder wie er selbst bezeichnete „abgerichtet" worden. In Baiern
glaubte er sich durch das Privilegium, welches jedem Andern
bei 100 Dukaten Strafe und Confiscation aller Instrumente
und Materialien die Errichtung und den Betrieb einer lithographischen Druckerei im Lande verbot, hinreichend vor schäd-

licher Concurrenz geschützt. Wie man im Auslande auch
seine Erfindung anwenden und ausnutzen werde, machte
ihm keine Sorge. Jeden Fremden war er gern bereit,
mit den Geheimnissen seiner Kunst bekannt zu machen.
Der Gedanke, überall in der Welt draussen sich als Erfinder,
und seine schöne Kunst nach ihrem ganzen Werthe geehrt zu
sehn, schmeichelte ihm ungemein und er hoffte zu gleicher Zeit
von dem Betriebe derselben durch Fremde und durch merkantilische Verbindungen mit solchen auswärtigen Instituten
bedeutende Vortheile für sich hervorgehn zu sehn. Unter den
München passirenden Fremden, welche er durch seine Druckerei
führte, befand sich auch einmal der Besitzer eines umfang-
reichen Musikalienverlags in Offenbach bei Frankfurt a. M.,
Herr André. Er hatte, von der Ertheilung des Privilegiums an Senefelder lesend, den ihm befreundeten Herrn Falter über die ihm noch
gänzlich unbekannte neue Kunst befragt und das lebhafte Verlangen gezeigt, sich über die Art derselben durch Augenschein
zu unterrichten. Falter führte ihn, ohne seinen Namen und
Stand zu nennen, als fremden Kaufmann bei Senefelder ein
und dieser entwickelte ihm bereitwillig den ganzen Process
des Lithographirens. Als André die Geschwindigkeit der Herstellung des Drucks, den geringen Farbeverbrauch, die Schnel-
ligkeit des Trocknens, die Güte der Abzüge sah, vermochte
er sich nicht mehr zurück zu halten, noch sein Incognito zu
bewahren. Er nannte sich ihm und schlug ihm vor, er möge ihn in
das Geheimniss einweihen, ihm eine lithographische Druckerei
einrichten und seine Arbeiter in deren Betrieb unterweisen. Als Preis dafür bot er ihm 2000 Gulden, und zahlte
ihm darauf sofort 300 an. — Gern ging Senefelder darauf ein. In
drei Monaten wollte er seine Verbindlichkeiten, die ihn noch an
München fesselten, abgewickelt haben, um André folgen zu können.
Hier aber hatte er zuerst und zwar durch die ihm Nächststehenden die Bitterkeiten der Treulosigkeit und des Undanks zu erfahren. Seine Brüder, von der Mutter in ihrer Unzufriedenheit mit
dem Vorzug, den er Gleissner's praktisch vor ihnen einräumte,

nur bestärkt, begannen heimlich gegen ihn zu intriguiren. Auf Kosten der Mutter mit einer Presse und einem Vorrath von Steinen ausgerüstet, machten sie hinter seinem Rücken Falter den Vorschlag, nun lieber bei ihnen drucken zu lassen, welche ihm die Platte 30 Kreuzer billiger liefern würden, als Alois. Aber in diesem Punkt verstand Frau Gleissner keinen Scherz. Sie sorgte sofort dafür, dass das Recht der Privilegirten keine Kränkung erfahre und jenen der Betrieb auf eigne Rechnung untersagt würde. — Es war nicht das erste Mal, dass diese Brüder ihm durch Undank seine Güte lohnten. Dass er ihnen immer wieder vergab, sie immer wieder aufnahm und für sie sorgte, wurde für seine aufrichtigsten Freunde ein Hauptgrund des ihm so oft gemachten Vorwurfs der äussersten Charakterschwäche. Aber mit rührender Ehrlichkeit verwahrt er sich gegen eine derartige Beschuldigung André's mit den Worten, in denen der ganze Mensch sich offenbart: „Er bedachte nicht, dass ich, der ich den Eigennutz nur dem Namen nach kannte, die mir durch ihre Handlungsweise angethane Beleidigung (es ist von einer später begangnen Kränkung seines Vertrauens und seiner Interessen durch die Brüder die Rede) eben gar nicht in so grossem Maasse empfand".

Die drei Monate bis zur Reise nach Offenbach sind in Senefelder's Leben wieder durch eine neue interessante Erfindung bezeichnet. Durch den Schulrath Steiner immer wieder zur Vervielfältigung guter Kupferstichbilder, behufs deren möglicher Preisermässigung und Verbreitung angeregt, machte er Versuche, eine gestochene Kupferplatte einmal mit einer, seiner lithographischen Tusche und Kreide verwandten Seifen-, Talg-, Kienruss- und Oelfirnissfarbe einzuschwärzen und abzuziehn, und diesen wohlgelungenen Abzug durch Umdruck wieder auf den Stein zurück zu übertragen. Seine Erwartung erfüllte sich vollständig. Das Kupferstichbild sass auf der Steinplatte; und nachdem er diese wie jede lithographirte gummirt und mit Druckfarbe eingeschwärzt hatte, druckte er mehr als tausend gute Exemplare davon herunter, welche an Schärfe und Klarheit gegen den vom

Kupfer genommenen Originalabzug nicht im Mindesten zurückstanden. Nur eine nicht leicht zu bekämpfende Schwierigkeit
zeigte sich: Die geringste Unreinigkeit, welche sich von der
Kupferplatte auf das Papier übertragen hatte, wirkte auf den
Stein zurück, und ob auch Anfangs kaum wahrzunehmen, arbeitete sie sich beim Drucken weiter und weiter durch und
verschmutzte die spätern Abzüge gänzlich. Nur die allergründlichste Reinigung der Kupferplatte, das strengste Aufmerken gleich zu Anfang konnte davor schützen. Senefelder
erzählt, es sei ihm bei diesem Experimenten mit Kupfer auch
klar geworden, dass dieses Metall ja jedes andre, ja selbst
die scheinbar widersprechendsten Gattungen natürlicher Materien und künstlicher Compositionsmassen für den chemischen
Druck brauchbar gemacht werden könnten; eine Einsicht,
welche ihn 1813 auf die Herstellung der künstlichen Steinpappen Behufs des Ersatzes der echten Solenhofer geführt habe.
Aber trotz seiner Behauptung und Ueberzeugung von der vollständigen Befähigung dieser Masse, genau wie jener Kalkschiefer zum Zweck des chemischen Drucks und der lithographischen Zeichnung zu dienen, hat die Folge bewiesen, dass
der grosse Erfinder in Bezug hierauf in einer Täuschung befangen gewesen ist. Es ist kein genügendes Surrogat der
Solenhofener Steine trotz alles Suchen und Versuchens gefunden worden. Man hat längst gänzlich auf letzteres zu verzichten angefangen, und sieht mit Bangigkeit, aber auch resignirt der allmäligen Erschöpfung dieser unersetzlichen Brüche
entgegen, von welchen Senefelder, den ungeheuren Aufschwung
und die heutige Ausdehnung des lithographischen Betriebes
nicht ahnend, — noch die freundliche Meinung der Unerschöpflichkeit auf viele Jahrhunderte hin hegen zu können
meinte.

Der Kupferstichdruck übrigens wurde von ihm während
jener Zeit ziemlich schwunghaft betrieben. Sein Auftraggeber,
Schulrath Steiner, war schon zufrieden, die Herstellung jeder
Platte für 5 Gulden Honorar zu erhalten und von dieser in

beliebiger Menge die Facsimilebilder des besten Kupferstichs abziehn und zu Spottpreisen verbreiten zu können.

In Offenbach in Begleitung Gleissner's angelangt, nahm er die Einrichtung der lithographischen Druckerei sofort energisch in die Hand. Von den ersten Probedrucken schon war André so erfreut, erkannte so deutlich die ganze Bedeutung und Tragweite der Erfindung und die Vortheile, welche sich ihr abgewinnen liessen, dass er beschloss, gleich in grossartigem Maassstabe mit der neuen Kunst zu operiren. Senefelder sollte sein Compagnon werden und ganz von München nach Offenbach übersiedeln. Das bereits ziemlich ausgedehnte Geschäft André's, besonders im Musikverlag, sollte bedeutend vergrössert werden. Man würde für England, Frankreich, Preussen und Oesterreich Privilegien zum Schutz der Erfindung zu erlangen suchen. Drei geschäftskundige Brüder André's, deren ältester und jüngster gegenwärtig in London lebten, sollten dann dort, in Paris und in Berlin, Senefelder aber in Wien Druckerei und Kunsthandlung etabliren, während André selbst die Leitung des Mutteretablissements zu Offenbach und Frankfurt in der Hand behielte. Für Senefelder würde dabei der fünfte Theil des ganzen Gewinnstes, der Angesichts des reichen Betriebfonds ein sehr ansehnlicher zu werden versprach, bestimmt sein. Und auch dessen Wünsche für seinen treuen Helfer Gleissner sollten erfüllt werden: als Separatkompagnon Senefelders würde er ein anständiges Gehalt empfangen und in dem Musikverlag eine nach vielen Seiten hin wichtige Thätigkeit entfalten können.

Nachdem dies vielverheissende Uebereinkommen getroffen war, kehrte Senefelder nach München zurück, um seine Dispositionen danach zu treffen. Um seinen gegen Steiner und den Schulfond übernommenen Verpflichtungen und anderen Aufträgen gerecht zu werden und nicht etwa durch Nichtbetrieb des bayrischen Privilegiums verlustig zu gehen, musste die dortige Druckerei im Gange erhalten bleiben. Er übergab daher ihren Betrieb und ihr Inventar seinen beiden Brüdern, und, in gewohntem grossartigen Vertrauen in die Güte, Ehrlichkeit und Dankbarkeit der Menschen, ohne jede Controlle und ohne jede andere Verpflichtung, als die, den Druck mit Fleiss zu betreiben, und ihm den fünften Theil des Gewinnstes zu berechnen, was sie natürlich bereitwilligst zusagten. Für Gleissner musste ein dreijähriger Urlaub ausgewirkt werden.

In Offenbach begannen die Arbeiten nach seiner Wiederankunft gleich in grossem Maasstab. Von André's 10 Kupfer- und Zinndruckpressen wurden 5 aufgegeben, um die Arbeiter daran zum Steindruck anzulernen und zu verwenden. Notenschreiber auf Stein waren bereits eingeübt.

Als Alles im Gange war, reiste André selbst nach London, um die Einleitungen zur Erwerbung des englischen Patents zu treffen und den jüngsten Bruder heim zu holen. Senefelder aber hatte bereits zuvor in Aussicht der Thätigkeit für England wieder neu zu experimentiren angefangen. Es trieb ihn, jede Anwendungsart seiner Erfindung zu suchen und praktisch zu machen. Der Kattundruck war es auf den sich zunächst seine Versuche richteten. Durch Steiner angeregt, hatte er schon in München ein Verfahren erdacht und erprobt, Bilder durch Patronen zu illuminiren. Dessen sinnreiche Art erschien durchaus geeignet, mit den nöthigen Modificationen auch auf den Kattundruck angewendet zu werden. Die Kühnheit und die wirkliche Genialität seines erfindenden Geistes erscheint um so bewundernswerther, als er nach eigenem Geständniss in Bezug auf das ganze Gebiet der Färberei, auf das Wissen von den dabei zu verwendenden Farbesubstanzen und Beizmitteln „gänzlich ein Fremdling" war. Der Versuch, ein von ihm auf den Stein gezeichnetes hübsches Cattunmuster, das ihm vortrefflich gelang, mit Indigo und Oelfirniss durch seinen Walzendruck abzuziehen, überzeugte ihn, dass auch diese Erfindung gelungen sei und bestimmte André, auch dafür das Patent in England zu erwirken.

Dort aber wartete ihrer eine für uns Heutige fast komisch

wirkende Enttäuschung. Sie hatten nicht die geringste
Kenntniss davon gehabt, dass die Walzendruckmaschinen für
Kattundruck in England längst erfunden und im Gebrauch
seien. Aber die Lithographie blieb darum noch immer des
Patentes werth und des Gewinnstes gewiss. André, es scheint
durch ein Missverständniss, hatte erfahren, dass für die Erwerbung dieses Privilegiums die Anwesenheit des Erfinders
selbst in England erforderlich sei. Wider Senefelders Willen
und leider zum dauernden Nachtheil für ihn und André, bestimmte ihn letzterer, Offenbach und Wien zunächst zu verlassen
und sich selbst nach London zu begeben. Als Begleiter gab
er ihm den einen, englisch sprechenden Bruder mit.

Sein Widerstreben gegen diese Londoner Reise war wie
aus einer richtigen Vorahnung dessen, was ihn dort erwartete,
entsprossen gewesen. Philipp André, der ältere Bruder seines
Freundes, bei welchem er dort Quartier nehmen sollte, muss
ein seltsam ängstlicher peinlicher Kauz gewesen sein. Aus
der vielleicht nicht ganz ungerechtfertigten Besorgniss, dass
Senefelder in seiner gewohnten offenen mittheilenden Weise
das Geheimniss seiner Lithographie bei der Bewerbung um
das Patent Andern enthüllen möchte, die dann davon einen
Gebrauch zu eigenem Vortheil machen könnten, behandelte er
den Gast fast als einen Gefangenen, liess ihn kaum aus den
Augen, ja kaum aus dem Hause und das während fast sieben
Monaten! Dabei rückte die Patentangelegenheit nicht um einen
Schritt vor. Des Eingeschlossenen bester Trost dabei war die
schöne Musse, welche ihm gerade dieser Zustand des Abge-
schiedenseins von der ganzen Aussenwelt und allen zerstreu-
enden und ablenkenden Einflüssen gewährte. Er benutzte sie, um
dem eindringenden Studium der Chemie und der Färberei noch
gründlicher als bisher obzuliegen. Eine bedeutend verbesserte
Zusammensetzung der lithographischen Tusche, das Arbeiten
in Aquatinta- und in Kreidemanier, und das Drucken der so
behandelten Steine, wie der Druck mit mehreren Platten waren
nächstdem noch Ziele seiner in London betriebenen Studien.

Das, was er darin erreichte, liess ihm diesen Aufenthalt und Philipp André's Verfahren schliesslich doch nicht blos als zu seinem Unglück dienend erscheinen. — Aber es duldete ihn dort nicht länger. Briefe von Gleissners erweckten in ihm manchen Verdacht gegen des Offenbacher André rechtliche Absichten und guten Willen für ihn, und Philipps Benehmen konnte ihn nur darin bestärken. Um so energischer drang er nun auf Betreibung der Patentangelegenheit, die dann auch in zwölf Tagen erledigt war. Nachdem er Philipp im ganzen lithographischen Verfahren zur Genüge unterwiesen hatte, kehrte er im Besitz des englischen Privilegiums nach Offenbach zurück, von den besten und anscheinend begründetsten Hoffnungen für die fernere glänzende Entwickelung seiner Erfindung auch zu künstlerischen Zwecken unter tüchtigen Künstlerhänden, und für einen reichen und ehrenvollen Gewinn erfüllt. — Aber welchem traurigen Rückschlag ging er entgegen, welche kleinliche Misere zog ihn in ihr verwirrendes lähmendes Getriebe und brachte sein Lebensglück dem Untergang nahe!

Die Hiobsposten empfingen ihn gleich bei seiner Ankunft. Seine beiden Brüder, hatte er, da das ihnen übergeben gewesene Münchener Institut immer schlechtere Geschäfte machte, vordem schon zu sich genommen und in André's Druckerei untergebracht. Sehr unbesonnen hatte er ihnen gelegentlich Mittheilung gemacht von seinem und André's Plan, das Privilegium in Wien zu erwerben und dort seinerseits ein lithographisches Institut zu errichten, das sie alle vortrefflich ernähren würde. Als er in England war, hatten diese sich beeilt, der Mutter in München zu klagen, wie Alois das Wohl der Familie um Fremder willen opfere, wie es jedenfalls besser und gerechter wäre, den Seinigen die Früchte der Erfindung zuzuwenden, als Herrn André; und dabei die Mutter aufgefordert, da er, Alois, ja zudem in England genügend versorgt sei, sich ihrerseits nach Wien zu begeben, um für die Ihrigen, die Träger des Senefelderschen Namens dort auf Grund einiger mitgenommener Probedrucke die Erlangung des Kaiserlichen Patents zu betreiben. Sie zögerte nicht auf diesen Vorschlag einzugehen und reiste von München nach Wien ab.

Zufällig durch einen zwischen München und Offenbach fahrenden Lohnkutscher hatte Frau Gleissner von diesem Unternehmen der Frau Senefelder erfahren. Sie flammte in hellem Zorn darüber auf. Hatte doch der Alois zu ihr oft von diesem gehofften Wiener Privilegium gesprochen und wie er mit ihrem Mann die Leitung der Druckerei dort betreiben, und bei alle grosse Geschäfte machen würden, sobald er nach seiner Rückkehr von England sich nur erst jenes verschafft habe. Die Sorge, sich diese lockende Zukunft nun gleichsam vor den Augen escamotirt zu sehen, liess ihr keine Ruhe. Sie eröffnete André, was sie erfahren; und da er selbst am Reisen augenblicklich verhindert war, ging er, wenn auch ungern, auf ihr Verlangen ein, sie statt seiner in dieser Angelegenheit nach Wien zu schicken. Sie zweifelte um so weniger an dem Gelingen ihrer dort zu thuenden Schritte, als sie sich mit Grund rühmen konnte, das bairische Privilegium hauptsächlich durch ihre Bemühungen für Senefelder erlangt zu haben. André hatte ihm von dieser heiklichen Sache nichts nach England geschrieben, um ihn nicht zu beunruhigen. Nun überraschte den Zurückgekehrten um so peinlicher das was er erfuhr, als er gleichzeitig einen aus Wien eingetroffenen Brief der Frau Gleissner vorfand, in welchem diese und ebenso ihr dortiger Hausherr, ein geachteter Wiener Kaufmann, dringend vor André warnten, der ihm und seiner Erfindung nur zu eigenen Nutzen ausbeuten wolle. Dringend forderten sie ihn auf, selbst nach Wien zu kommen, wo ihm dann die Erwerbung des Privilegiums nicht fehlen könne.

Welche Lage für den Vielgeplagten! Von der Rücksicht auf zwei Weiber, deren jeder er sich eng und innig verbunden fühlte, von den Pflichten der Familienliebe einerseits und der

Dankbarkeit andrerseits gleich sehr bestimmt; zwischen dem
Vertrauen, wozu er von Natur aus neigte, und nicht minder
in diesem Fall guten Grund hatte und dem künstlich in ihm
erweckten Misstrauen schwankend, von dem heissen Wunsch
getrieben, seine geliebte Kunst immer weiter zu entwickeln
und auszubreiten, konnte er im Widerstreit der Empfindungen,
wohl die Klarheit der Einsicht nnd Ueberlegung verlieren
und sich zu einem Verhalten gegen André hinreissen lassen,
welches auf lange Zeit hin für ihn und sein Gelingen so gut
wie für diesen wohlwollenden Freund die nachtheiligsten
Folgen haben sollte.

André wollte nichts von seiner Wiener Reise wissen.
Die beiden Frauen, welche dort gegen einander arbeiteten
und processirten, hätten bereits die ganze Sache verfahren.
Es sei keine Hoffnung mehr, das Privilegium zu erlangen, um
so weniger, als die ganze Gilde, das „Gremium", der Kunsthändler und Kupferdrucker aufmerksam und besorgt über die
hereinbrechende Concurrenz geworden sei, und Alles anstelle,
die Bewilligung zu hintertreiben. Senofoldor möge iu Offenbach bleiben, helfen, die Musikalien des Andréschen Verlages
durch Umdruck auf Stein zu bringen. Es böte sich die beste
Gelegenheit, um den disponibel gewordenen Vorrath von Zink-
platten höchst vortheilhaft zu verkaufen und 40,000 Gulden
mehr in das Geschäft zu stecken. Senefelder bestand, wider
die innere bessere Einsicht von der Richtigkeit dieser Aus-
einandersetzungen und Vorschläge, auf seinem Verlangen, für
drei Wochen nach Wien beurlaubt zu werden. Debatte und
Meinungsaustausch wurde immer erregter. Unglücklicherweise
begegnete André eine Unzartheit: er vergass sich so weit,
Senefelder vorwurfsvoll an die hülflose Lage zu erinnern, in
welcher er ihn gefunden und aus der nur er ihn befreit habe.
Das traf die verwundbarste Seite dieses ehrlichen Herzens;
es war eine ebenso grosse Unbilligkeit als Indelicatesse; war
sich Senefelder doch bewusst, viel mehr gegeben, als empfangen, all sein Wissen mitgetheilt, seine Kraft eingesetzt,

kurz mehr geleistet zu haben, als er irgend durch seinen Contract verpflichtet war. Aufgebracht und gekränkt, zerriss er vor André's Augen den, erst Tags zuvor endlich ausgefertigt erhaltenen, vortheilhaften Contrakt mit den Worten: „ich will durch Sie nicht glücklich werden." Damit waren die Brücken abgebrochen. Er konnte nicht mehr zurück, erhielt seinen Urlaub, nahm zu neuem, gerechtem Verdruss André's die beiden Brüder, Georg und Theobald, die aus André's Institut entlassen waren, trotz alles Vorangegangenen mit sich, und fuhr nach Wien.

Statt der erwarteten Herrlichkeiten, — hatte ihm Frau Gleissner doch das lockende Bild eines ihm dort sichern Vorschusses von 6000 Gulden durch einen hochstehenden einflussreichen Förderer ihrer Sache gemalt! — schlugen vom Tage seiner Ankunft in Wien an die Wogen eines Meeres von Erbärmlichkeiten und Lebensmisèren über seinem Haupt zusammen. In Regensburg hatte er noch seine Mutter begegnet, auf der Rückreise und des Wartens auf das Privilegium müde; hatte er von ihr die Versicherung erhalten, dass sie alle Schritte hauptsächlich für ihn gethan habe und war beglückt im Glauben, den Streit zwischen seinen Nächststehenden ausgleichen zu können, dort angelangt. (August 1800).

Einige vertraute Briefe an André von seinem Geschäftsfreunde in Wien, den er angewiesen hatte, den Lebensunterhalt der Frau Gleissner zu bestreiten, und die Antworten André's an diesen hatten Unheil und Verwirrung im Ueberfluss angerichtet. Die Dame hatte ihrer Sache förderlich zu sein geglaubt, wenn „sie sich nichts abgehen liesse," und nicht auf zu geizigem Fuss lebe. Der Correspondent hatte sich bei André darüber beschwert und die Befürchtung geäussert, dass, wenn Senefelder gegenüber diesen Leuten nicht energisch genug wäre, alle Vortheile des Geschäfts durch deren Verschwendungssucht verloren gehen würden, dass es daher in allen Fällen besser sein würde, wenn Senefelder und Gleissners ganz von seinem Willen abhängig gemacht und das Pri-

vilegium nur auf André's, zudem auch als Verleger bereits
bekannten und geachteten Namen nachgesucht würde. Diesem
schien trotz seiner damals noch ungeschwächten Freundschaft
für Senefelder die Besorgniss nicht so unbegründet. Kannte
er doch die ganze Stärke des Dankgefühls, den ganzen Mangel jedes Egoismus, und aller persönlichen Bedürfnisse, die
volle Ausdehnung der Selbstlosigkeit bei diesem zur Genüge.
Wusste er doch, dass Senefelder, als ihm von André in Offenbach zuerst 1000 Gulden Gehalt und 600 für Gleissner zugewiesen waren, aus freiem Antrieb die 1000 an letzteren ab-
trat und die 600 für sich wählte und selbst diese eigentlich
vollständig in Gleissners Händen liess, da er, bei André woh-
nend und speisend, kaum noch Bedürfnisse kannte, die ihm
Geldbesitz nöthig und erwünscht erscheinen gelassen hätten.
So war André leicht bewogen, der Meinung seines Correspon-
denten beizustimmen und ihn zu ermächtigen, nach bestem
Ermessen zu handeln. Frau Gleissner wurde entrüstet über
die unverblümten Erklärungen, die im weiteren Verlauf in
der Drohung gipfelten, ihr die Auszahlung der Unterhalt-
mittel zu verweigern, wenn sie sich nicht einer grösseren
Wirthschaftlichkeit befleissige. Ihr Misstrauen gegen André
hatte dadurch nur eine Bestätigung erhalten. Ihr Hauswirth,
Herr v. Bogner, stimmte ihr bei, rieth ihr, sich völlig von
André frei zu machen; die Erfindung, wenn sie so viel ver-
heissend sei, dass jener so ausgedehnte Unternehmungen auf
sie basiren wolle, würde durch Unterstützung der rechten Männer auch in Oesterreich ihre Förderung und Verwerthung gewinnen und die Erfinder lohnen, ohne Herrn André's dabei
benöthigt zu sein. Er wolle Frau Gleissner selbst einem solchen zuführen, der das lebhafteste Interresse daran nehmen
werde. Dieser Mann war ein kaiserlicher Hofagent, Herr v.
Hartl. Er stand, neben manchen andern Unternehmungen,
an der Spitze einer Aktiengesellschaft für die Einführung und
Ausübung der englischen Maschinenspinnerei in Oesterreich;
für den Betrieb war ein englischer Ingenieur, Thornton, enga-

girt, Maschinen bereits erworben; mit der Weberei sollte Cattundruck und Färberei verbunden werden. — Als Frau Gleissner unter andern Proben diesem Mann auch ein von Senefelder nach seiner Methode gedrucktes Stück Cattun vorlegte, und von den Vortheilen derselben erzählte und rühmte, war sein Interesse lebhaft erwacht, und er war es, welcher seine Bereitwilligkeit erklärt hatte, 6000 Gulden vorzustrecken, falls — eine Klausel, welche Frau Gleissner in ihrem Klage- und Einladeschreiben nach Offenbach freilich verschwiegen hatte. — Senefelder nach Wien gekommen, ihm die Ueberzeugung verschaffte, dass die neue Kunst entsprechende Vortheile gewähren würde. —

Vom eigentlichen Zusammenhang und Detail dieser Dinge hatte der erwähnte Brief der Frau Gleissner, der Senefelder zum Entschluss der Reise brachte, ihm nur geringe Kenntniss gegeben. Vielleicht hätte er ruhiger geurtheilt und nicht so scharf und schnell mit André gebrochen. Dass ihm seine natürliche Dankbarkeit und Treue als Schwäche ausgelegt und er dafür gewissermaassen unter des Freundes Vormundschaft gestellt werden sollte, das konnte er am wenigsten verwinden. „Also," — sagt er, wieder höchst charakteristisch für seines Wesens Art, — „also würde ich eher den Namen eines festen Mannes verdient haben, wenn ich meine überflüssige Einnahme dazu verwendet hätte, mir vielleicht ein Paar Uhren, einen Ring, einige Kleidungstücke beizulegen, anstatt damit eine Schuld der Dankbarkeit abzustatten?!" —

Nur zu bald sah er, in Wien angelangt, ein, wie sehr die weibliche Phantasie und Erregtheit seiner alten Freundin im Schlimmen wie im Guten, ihr die Dinge durch gefärbte Gläser gezeigt hatte. Herr v. Hartl's, noch ganz in der Luft schwebender Beistand, war das einzige, worauf sich noch Hoffnungen bauen liessen, für das Privilegium zeigte sich noch immer keine Aussicht. Frau Gleissner fand er krank und mittellos, und zu Allem sollte er noch immer die übelwollenden, unzufriednen Brüder ernähren. Es blieb keine Wahl! so schwer es ihm fiel, musste er sich dem Wirth der Gleissner, jenem üblen Berather, Herrn v. Bogner, eröffnen, der ihn denn auch nicht im Stich liess, ihn bei sich aufnahm und für die nöthigsten Bedürfnisse bereitwillig sorgte, sogar für die Brüder die Pension in einem andern Hause bezahlte.

Aber diese Brüder! Sie wollen selbstständig sein, sehen nicht ein, warum sie es nicht eben so gut haben sollen, wie Alois. Da die Sachen hier so lägen, wollen sie wieder zurück nach München, ihr Privilegium auszunutzen und — das Sublimste — wenn er ihnen nicht sofort durch v. Hartl das nöthige Reisegeld schaffe, so erklären sie, dass sie das ganze Geheimniss der Erfindung an Wiener Kunsthändler verkaufen würden, welche ihnen dahingehende Anträge darauf schon gemacht hätten. Diese Gefahr war zu dringend, weil sie zugleich das ganze Privilegium bedrohte, das nicht für eine Erfindung bewilligt werden konnte, welche in Wien schon von Anderen gekannt und betrieben wurde. Dass die Drohung aber keine leere war, wusste er auch trotz aller Gutmüthigkeit und rosigen Anschauung der menschlichen Natur. Herr v. Hartl, bereits selbst lebhaft interessirt für die Privilegium-Angelegenheit, gab das Verlangte; und die Beiden zogen ab gen München, nach Abschluss eines Contraktes mit Alois, wonach sie sich verpflichteten, von dem Reingewinnst ihrer in München auf Grund des Privilegiums zu betreibenden Druckerei und Kunsthandlung ihm den dritten Theil zuzuweisen.

Die Hauptsache aber liess sich bald für Senefelder anscheinend glücklich an. Die Proben, welche er v. Hartl mittelst einer kleinen Handpresse von den Leistungen der neuen Kunst gab, erweckten dessen volles Vertrauen in die Zukunft und Nutzbarkeit derselben. Der Kattundruck schwebte ihm dabei freilich immer als der wichtigste Zweck der Verwendung vor. Durch einen Societätskontrakt sicherte er alsbald dem Erfinder die Hälfte des Gewinnstes zu, der aus ihren gemeinsam zu betreibenden Unternehmungen resul-

tiren würde, von welchen Senefelder wieder die eine Hälfte
an Gleissner abzugeben beabsichtigte. v. Hartl verpflichtete
sich, all seinen Einfluss, seine Verbindungen, Capitalien etc.
für das Unternehmen nutzbar zu machen, jener seiner Kenntnisse, Erfindungen und Arbeiten. Der Musikaliendruck sollte
nur vorläufig, bis die grosse Spinnerei im Gange wäre, betrieben werden. Von dieser versprach v. Hartl sich solche Er-
folge, dass er hoffte, jenen ganzen Zweig des Geschäftes später an Gleissner ausschliesslich überlassen zu können. Von
der Lithographie zu eigentlichen Zwecken der bildenden Kunst
ist, wie man sieht, in alle dem zunächst noch gar keine Rede.
— Zu diesem ganzen Uebereinkommen war Senefelder erst
durch eine kurz zuvor gemachte peinliche Erfahrung bestimmt worden, welche für ihn die Trennung auch der letzten
lockern Verbindung, die ihn noch an André knüpfte, herbei-
geführt hatte.

Als er von diesem in Offenbach schied, betrachtete der
ruhige, vernünftige, den aufbrausenden Freund innig hoch-
chätzende Mann durch die zwischen ihnen vorgefallene Scene
ihr Verhältniss noch keineswegs zerrissen. Seine Arme ständen ihm immer offen, wenn, wie er voraus sehe, in Wien
nur Enttäuschung und Misslingen seiner wartete, so hatte er
noch beim Scheiden zu Senefelder gesagt. Als diesem klar
wurde, wie sehr Frau Gleissner in ihren Berichten übertrieben,
wie schief er die Lage aufgefasst habe, als ihn sein heftiges
Verhalten als ein durchaus ungerechtfertigtes zu gereuen be-
gann, schrieb er an André, um eine Versöhnung anzubahnen
und zugleich, von den schönsten Hoffnungen für das Gelingen
aller Pläne durch den Schutz des Herrn v. Hartl begeistert,
um von jenem behufs der Verwirklichung derselben, d. h. zunächst behufs der nothwendig dort zu liefernden Proben zur
Erlangung des Privilegiums, einen Geldvorschuss von 1000
Gulden zu erbitten.

Leider war André verreist, als der Brief bei ihm an-
langte. Sein, die Geschäfte führender Bruder übernahm die

Beantwortung; und dieser nicht nur ablehnende, sondern spöt-
tische, Senefelders „Schwäche" und sanguinische Leichtgläu-
bigkeit behaglich ironisirende Brief war ganz dazu gemacht,
ihn so bitter zu kränken, dass er, den Glauben an die Mög-
lichkeit einer Versöhnung mit André aufgebend, schnell
entschieden seine contraktliche Verbindung mit von Hartl
schloss.

Dadurch gewann er zunächst die gewünschten Mittel.
Er konnte ohne Lebensnoth in Wien existiren, eine grosse
Stangenpresse aufstellen, Steine anschaffen und im Besitz seiner
Apparate und Materialien die kaiserliche Regierung vertrauens-
voll ersuchen, seine Erfindung und die Proben seines Verfahrens durch eine sachverständige Kommission prüfen zu lassen.
Diese, aus dem Stadthauptmann, dem Professor der Chemie,
v. Jaquin und dem Director der Kupferstichakademie, Herrn
v. Schmutzer, bestehend, war überrascht und bald eingenom-
men von den Resultaten des Verfahrens. Eine Versammlung
kaiserlicher Räthe, sogar den Kaiser selbst wusste v. Hartl
durch den Augenschein des Processes und der Leistungen
nicht weniger dafür zu interessiren. Dass das Privilegium
erlangt werden würde, schien nicht mehr zweifelhaft. Aber
der österreichische Instanzengang in diesen, wie in allen
anderen Dingen, war damals ziemlich langwierig und laby-
rinthisch.

Um nur immer arbeiten zu können, erwarb man in der
Erwartung der endlichen Ausfertigung die erforderliche Ge-
werbe-Befugniss und druckte darauf los, während Senefelder
sich, im Hinblick auf die, von Hartl immer wieder vorzugsweise betonte Kattundruckerei, immer eifriger zugleich in das
Studium der Färberei vertiefte.

Aber es war dafür gesorgt, dass er zu einem ruhigen Fort-
arbeiten, unzersplittert und ungehindert durch kleinliche Sorgen und Leiden, nicht gelangen sollte. Gleissner hatte ihn
benachrichtigt, dass er sich nun ebenfalls von Offenbach los-
gelöst habe und nach Verkauf seiner dortigen Einrichtung,

mit seinen Kindern in München eingetroffen sei. Für v. Hartl
schien nach Senefelders freundschaftlichen Schilderungen dieses Mannes Anwesenheit in Wien von grosser Wichtigkeit
für das Gelingen des den Notendruck betreffenden Theils ihrer
Unternehmungen.

Frau Gleissner übernahm es, ihn von München abzuholen
und selbst dort seine Urlaubverhältnisse zu reguliren. Kaum
dort angekommen, so empfing Senefelder auch die gewohnten
Hiobsposten von ihr. Sein unpraktischer Freund hatte in Offenbach Alles zu jämmerlichen Preisen verkauft, war in München ohne
alle Mittel angelangt, sei ganz ausser Stande, sich in Wien mit
den Seinigen in ihrer gegenwärtigen Verfassung sehn zu lassen.
Der alte Refrain schloss natürlich die Unglücksepistel: noch
einmal möge Senefelder von v. Hartl Geld aufnehmen, mindes-
tens 400 Gulden, und dieselben schleunigst nach München
schicken. — Der aber vermochte sich nur mit innerstem
Widerstreben zu solchem Schritt zu überwinden. Er kannte
seines Beschützers nationalökonomische Peinlichkeit bei allen
solchen, nach seiner Meinung „unfruchtbaren" Ausgaben, während er in allem rein Geschäftlichen, Ertrag verheissendem, sich
immer grossartig und gentil zeigte. Aus dieser Verlegenheit
erlöste ihn seine Hauswirthin, die ihm gleichfalls dringend
von dem Schritt bei v. Hartl abrieth und sich erbot, ihm gegen die Garantie der Rückzahlung in einem halben Jahr die
für Gleissners begehrten 400 Gulden vorzustrecken. In einem halben Jahr! wie hätte er daran zweifeln können, das alsdann zu
vermögen! Die prächtigen Luftschlösser, welche ihm seine hoff-
nungsfreudige Phantasie aufgeführt hatte, schienen ihm so so-
lid gebaut. Die brave Frau erschien ihm als ein guter Engel,
und keine Ahnung streifte sein vertrauendes Herz, dass diese
brave Frau ihm jene 400 Gulden eines Tages durch Prolongationen
bis zur Höhe von 2000 angewachsen, durch ihren Advokaten
zurückfordern und abpeinigen lassen würde. Doch vorläufig
war die eine Sorge, für Senefelder immer die quälendste: die
um eines Freundes Wohl, beseitigt. Dafür drang eine ernst-

lichere auf ihn selbst ein. Die Kunsthändler, — man begreift
heut schlechterdings kaum, was gerade diese zu solch bornir-
tem Widerstande gegen eine neue Kunst aufregen konnte,
welche so viele von ihnen, bald mehr, als es eine andere vermocht hatte, bereichern sollte! — die Kunsthändler Wiens
konnten den Gedanken nicht ertragen, diesen „fremden, unbe-
deutenden Menschen" und seine schlimme nichtsnutzige Erfindung zu der Ehre und den Vortheilen des Privilegiums gelangen zu sehen. Sie zeigten sich als seine thätigsten Gegner,
zumal seit seine Verbindung mit den einflussreichen Hof-
agenten seinen Bestrebungen einen neuen praktischen Nachdruck
und Bürgschaften des Erfolges zu verheissen schien. Aber
gerade diese steigende Sorge um ihren vielleicht geschädigten
Vortheil brachte sie im Verlauf auf den Gedanken, den
Schädiger am sichersten dadurch unschädlich zu machen,
dass sie ihn sich zu Dienste verpflichteten.

Durch zwei Herren von dem, Senefelder besonders feind-
lichen „Kunst- und Industriecomptoir" wurde im Namen der
Kunsthändler Senefelder der Vorschlag gemacht, auf den Betrieb einer eigenen Handlung zu verzichten, und dafür die
Zusicherung einer entsprechenden Summe von jährlichen Mu-
sikalien-Druck-Aufträgen für jene Institute zu gutem Preise
anzunehmen. Im seinen lebhaft arbeitenden und combiniren-
den Phantasie hatte er sofort darauf ein ganzes Gebäude
kühner Kalkulationen in die Luft geführt, und war durch diese
sanguinische Rechnungsmethode zu dem lachenden Facit gelangt, dass ihm bei der Annahme dieses Erbietens, nach Abzug aller Kosten, Lohne, Auslagen (bis ins kleinste Detail
gleich fertig berechnet!) ein jährlicher Reingewinnst von 7500
Gulden sicher sei. — Vorbehaltlich der Einwilligung v. Hartl's,
die zu erhalten er nicht zweifelte, da derselbe den Notendruck
immer wie für eine nebensächliche und geringfügige Seite des
ganzen Seite des Unternehmens angesehen zu haben schien,
und vorbehaltlich einer Bürgschaft seitens des Gremiums der
Kunsthändler, wodurch er eines bestimmten Quantums von

Aufträgen oder des Ersatzes des Ausfalls gewiss sei, erklärte Senefelder sich zur Annahme der Vorschläge bereit.

Aber er hatte sich, was er am wenigsten erwartete, in Hartl's Meinungen darüber getäuscht. Dieser lehnte die verlangte Verzichtleistung entschieden ab, und die Sache zerschlug sich wieder.

Ebenso dankte er diesem das Scheitern einer andern vielversprechenden Unternehmung, welche damals schon für die künstlerische Entwicklung und Verwendung der Lithographie von grossem Vortheil hätte werden können.

Der Besitzer einer, reichlichen Ertrag abwerfenden Wiener Kunsthandlung, Herr Eder, der sich von seinem Geschäft zurückziehen und auf seinem Landgut zur Ruhe setzen wollte, machte Senefelder den Vorschlag, seine ausgedehnte Anstalt, Verlag und grosse Vorräthe an Kupferplatten und Material, inclusive der Concession, des Ladens etc., für 40,000 Gulden zu kaufen, von denen nur 10,000 baar, die übrigen in zehnjährigen Raten, à 10,000 Gulden, zu zahlen sein sollten. Auch hier waren die Vortheile so einleuchtend, dass Senefelder sich mit leichter Mühe einen Reingewinnst von jährlich 4000 Gulden herausrechnen konnte. Aber je bereitwilliger er selbst war, auf das lockende Anerbieten einzugehen, desto widerstrebender fand er auch diesmal zu seiner Ueberraschung seinen Gönner, der eben jene 10,000 Gulden Anzahlung dazu hätte hergeben müssen. —

Senefelder hat nie begriffen, was diesen zu solchem Widerstreben bestimmte. Er suchte schliesslich den Grund in seiner eigenen, unzureichenden Ueberredungskunst, da er denselben Mann doch so oft zu ganz thörichten und unvortheilhaften Unternehmungen und Entschlüssen durch Andere unschwer bestimmt werden sah.

Es blieb also beim Alten. Man druckte selbstständig, in der Hoffnung, eigenen genügenden Absatzes und in Erwartung der Vollendung des grossen Spinn- und Webe-Etablissements; zunächst nur Noten und zwar nur die — von Compositionen

des endlich angelangten Gleissner, in Ermangelung anderer
Musikvorlagen. Der alte Haydn hatte die Bitte um Compositionen für den Druck damit abgelehnt, dass er überhaupt
nichts Neues mehr componire.

Aus seinen Mühen, Arbeiten, Sorgen, Wirrnissen riss
Senefelder für kurze Zeit eine Reise, welche er immerdar als die genussreichste seines Lebens pries. Sein Gönner und Compagnon beabsichtigte mit ihm zusammen in
den Solenhofener Brüchen selbst den nöthigen Vorrath von
Platten auszusuchen und zu kaufen. Gleichzeitig verband
Hartl damit die Absicht, eine ihm zum Kauf angebotene
Herrschaft Riedau zu inspiciren, welche ihm geeignet
erschien, dorthin seine Maschinen-Spinnerei und Druckerei zu
verlegen, und im Dorf Helmannsöd die Arbeiten und die
Lage eines andern von ihm in Protektion genommenen und
durch bedeutende Summen geförderten Mannes, des Webers
Mistelbauer, zu prüfen.

Durch sein mechanisches Geschick und Talent hatte dieser Bauernsohn aus der genannten Gemeinde des späteren
Gesandten für Petersburg, Grafen Saura in Linz, lebhaftes
Interesse erweckt und von demselben eine Zahlung von 10,000
Gulden erhalten, um in Oesterreich Webestühle zur Herstellung der feineren englischen und französischen Waaren zu
errichten.

v. Hartl hatte gewissermaassen Saura's Erbe angetreten.
Seine Unterstützungen Mistelbauers beliefen sich bereits
auf 40,000 Gulden. Da dieser aber wohl der Weberei, desto
weniger jedoch des Geschäftlichen und der Buchführung kundig
war, von seinem Protector zudem auch beständig zu neuen
Versuchen und technischen Erfindungen angeregt, die eigentliche Fabrikation vielfach vernachlässigte, so kam das ganze
Helmannsöder Institut in die ärgste Verwirrung. v. Hartl
sah mit gelindem Schrecken, wie die Sachen daselbst
standen, als er mit Senefelder von Solenhofer, wo er ein
Paar Hundert Steine für Notendruck erhandelt hatte, dorthin

gefahren war. Er suchte Mistelbauer zu einer besseren Ge-
schäftsführung anzuweisen, und kehrte über München, Regensburg und Passau nach Wien zurück.

Mit neu engagirten Notenschreibern ging man dort an
die Arbeit. Aber immer gab es nur Werke des — Herrn
Gleissner zu lithographiren und zu drucken, der, wie Senefelder sagt, in Folge dessen auch „einstweilen immer frisch
drauf los componirte," wie es scheint, aus dem einzi-
gen Grunde, um den lithographischen Notenschreibern und
Druckern, denen man doch „ihren Wochenlohn nicht umsonst
bezahlen wollte," nur immer Arbeit zu geben. Allerdings
die seltsamste Anregung zur Entfaltung des musikalischen
Schöpfergeistes, welche je einem Componisten geworden ist!
Hartl versprach wohl gelegentlich mit bekannten Musikern,
wie v. Krammer und — Beethoven wegen Lieferung von
Compositionen für dieses unersättliche Institut zu sprechen,
aber er vergass oder versäumte über andern Geschäften die
Gelegenheit und der Vorrath von Gleissner'schen Werken auf
Lager wuchs und wuchs in's Ungeheure! —

Senefelder selbst aber vergass die Lithographie, Gleissner,
seine Schulden und die Welt über seinen Studien der Färberei, die all sein Denken und Arbeiten damals absorbirten.
Und erst lange nachher kam er zu der allerdings richtigen
und sehr naheliegenden Einsicht, dass diese Studien für ihn
gänzlich überflüssige gewesen seien, da v. Hartl viel passen-
der einen tüchtigen und kundigen Färbermeister hätte enga-
giren können, und er, Senefelder, ja ausschliesslich nur für
den Kattundruck zu sorgen verpflichtet und bezahlt war. —
Aber die Lust an der Chemie und der Ehrgeiz, auf allen
Gebieten möglichst zu Hause zu sein, trieben ihn damals
unwiderstehlich dazu.

Diesem Ehrgeiz standen grosse Befriedigungen bevor:
eine Art Druckwettkampf mit jenem englischen Ingenieur
der Gesellschaft, Mr. Thornton, in Pottendorf. Ueberzeugt
von der Unübertrefflichkeit seiner englischen Kupferwalzen-

Druckmethode für Kattunmuster, wollte dieser von der Anwendung von Senefelders Steinplatten, aber auch von Stein-
walzen, wie letzterer eine grosse bestellt hatte, schon des
Aetzens wegen nicht wissen. Er schwur auf das Dogma von
der Vorzüglichkeit des gestochenen vor dem geätzten Muster.
Die Probe wurde mit einer 6 Zoll langen, 3 Zoll dicken kleinen
Kupferwalze gemacht, für deren Musterzeichnung und Stich
20 Pfund Sterling gezahlt worden waren. Für Senefelder
wurde eine von gleicher Grösse in Zink bestellt. Um 11 Uhr
war er mit v. Hartl in Pottendorf angelangt. Um 2 Uhr
war das Muster, das nur aus Zirkelschlägen bestand, übertragen und fertig geätzt zu Thorntons grösstem Erstaunen.
Und wie er vorausgesagt hatte: sein Aetzdruck übertraf
des Engländers Stichdruck doppelt an Kraft und Schönheit.

Das half nun zunächst Alles, freilich dem Gönner noch
nicht zu einer sichtbaren Frucht seiner bisherigen Opfer. In
der Wiener Druckerei häuften sich die Gleissnerschen Noten,
in der Hellmannsöder Spinnerei die Mistelbauerschen Garne.
Aber Geld sollte ausschliesslich nur gegeben werden. 1803
traf endlich das Privilegium ein. Der Rath Senefelders, nun
eine Handlung zu eröffnen und einen tüchtigen Leiter an der
Spitze zu stellen, fand bei dem verstimmten und erkrankten
Hartl keinen Anklang. Er wollte von neuen kostspieligen
Engagements nichts hören. Senefelder gab daher seine Gleiss-
neriana einer Buchhandlung, der Wittwe Rehm, im Verlag,
unter der Bedingung von 25 Proc. Rabatt und monatlicher
Abrechnung. Der sehnlich erwartete Monats-Erste kam und
mit ihm ein Ertrag von 10 Gulden 48 Kreuzer für Senefelder.
Noch ein zweiter, und sein Antheil hatte sich auf 1 Gulden
36 Kreuzer reducirt. Hartl hatte genug von der Steindruckerei! Dabei ging das Mistelbauersche Etablissement
sichtlich dem Untergang entgegen. Der Protector sandte einen
Bevollmächtigten, einen Herrn Grasnitzky, nach Helmannsöd,
um nach dem Rechten zu sehn und die Sache zu reguliren,
nöthigenfalls die Justiz zu Hülfe zu nehmen. Er sei gänz-

lich betrogen, so berichtete der von dort an Hartl, legte Beschlag
auf die Waaren, trieb Mistelbauer aus seinem Hause; und zur
Vollendung des Unheils brach Feuer aus und zerstörte das Haus
mit allen Maschinen, Stühlen, Vorräthen, die es enthielt.

Der Sekretair von Hartls, Herr Steiner, fand in dieser
üblen Lage noch Trost für Senefelder und eine Aufmunterung
für seines Chefs bereits völlig schwindende Hoffnung auf des
Compagnons Erfindung. Dass eine Hauptursache des schlechten Verkaufs bei Rehm in der Einseitigkeit und auch wohl
dem mittelmässigen Werth der Waaren, d. h. in dem ausschliesslich Gleissner'schen Ursprung der Compositionen läge,
darin hatte er entschieden nicht Unrecht. Man müsse —
und er wolle es durchführen — andere, beliebtere Componisten
gewinnen und die merkantilische Direction der Druckerei möge
man dem in derselben Strasse wohnenden Antiquar Grund
übergeben, in dessen Händen sie sich als eine wahre Gold-
grube erweisen werde. Senefelder solle aller Plage mit den
Fabrikgeschäften enthoben werden, Grund, im Namen Hartls,
alle Ausgaben bestreiten und vierteljährlich, gegen 30 pCt.
Rabatt, mit ihnen verrechnen. Man ging darauf ein; die Zu-
schüsse und Einlagen Hartls liessen bald jene 6000 Fl., die
bereits im Geschäft steckten, auf 20,000 erwachsen; — aber
es verging das vierte Quartal des Jahres und Grund hatte
noch immer weder „verrechnet" noch irgend Zins oder Ge-
winnantheil herausgezahlt. Selbst für eine Natur von so dauer-
hafter Spannkraft und Unverwüstlichkeit im Hoffen und Harren,
wie die Senefelders, wurde es zuviel der Enttäuschungen.
Hartl zürnte auf Steiner, wollte vom Vorschlag einer neu zu
errichtenden eignen Handlung nichts mehr hören.

Unter diesen Umständen schien ein zweiter Vorschlag
annehmbarer. Grasnitzky wollte das ganze Institut und Geschäft dem Grund abnehmen, Steiner unter Einlegung eines
Capitals Theilnehmer werden und persönlich nach Kräften in
der Leistung und im Betriebe mitwirken, wenn ihm der dritte
Theil des Gewinnstes zugewiesen würde. — Gerade in dieser

Zeit befand Senefelder sich in der bedrängtesten Situation. Seine wucherische Creditorin setzte ihm, um jener, auf 2000 Fl. heranprolongirten, für Gleissners aufgenommenen 400 Fl. Schuld willen, gleichsam das Messer an die Kehle. Man drohte ihm, sich an von Hartl selbst um Zahlung zu wenden (für ihn das Peinlichste) und that es auch unmittelbar danach. Dieser aber sagte die Tilgung der Schuld zu, — unter der Bedingung, dass Senefelder in Steiners Vorschlag willige. Konnte er anders als zustimmen?

Das Institut schien unter der neuen Leitung einen grossen Aufschwung zu nehmen. Man druckte Musikalien und versuchte sich im Zeichnungsdruck. Die bekannte Preiss'sche Zeichenlehre wurde durch einen, auf dem Stein mit Feder und Pinsel eingeübten Künstler lithographirt und in Heften mit gutem Erfolg herausgegeben. Selbst die Gleissnerschen Compositionen gingen nicht nur ab, sondern kamen zur zweiten Auflage. „In Polen" sollen sie viele Freunde gefunden haben. Senefelder erschien, trotzdem er für sich noch immer keinen Ertrag gesehen hatte, das Unternehmen und seine eigne Zukunft wieder im rosigen Lichte. Aber als er endlich nach wieder einem Jahr des schwunghaften Betriebes wegen seines Antheils bei Steiner anklopfte, so erfuhr er, dass davon in zehn Jahren kaum die Rede sein dürfe, denn zuvor seien erst die 20,000 Fl. an v. Hartl aus dem Geschäftsgewinnst zu tilgen.

Illusionen über die Art, wie man gegen ihn zu handeln gedachte, waren selbst für ihn nicht mehr möglich. Er schlug daher, da ihm die Einleitung und Durchführung eines Prozesses in Oestreich das schlimmste von allen Auskunftsmitteln erschien, auch das liebenswürdige Erbieten Steiners nicht aus, diesem seinen ganzen Geschäftsantheil incl. des Privilegiums für Oesterreich, für 600 Fl. (!) zu verkaufen. Der bedrängte Mann brauchte Geld und sah sich mittellos. Aber auch dabei sollte ihm das Letzte und Bitterste nicht erspart bleiben; bei der Auszahlung dieser Summe erfuhr er, — dass

Gleissner noch mit 550 Fl. bei Steiner-Grasnitzky in Vorschuss sei und er deshalb nur — 50 Gulden erhalten könne. So sah er die Arbeiten langer mühevoller Jahre, sah er Entdeckungen und Erfindungen, welche für die Verbreitung der Bildung, des Wohlseins, die Vermehrung der besten Genüsse der Mit- und Nachwelt von unberechenbarer Wirkung werden sollten, schliesslich wie in grausamer Ironie des Schicksals mit der gleichen Summe gelohnt, welche dem 18jährigen Dichter damals sein muntres Erstlingslustspiel, die Arbeit von acht Tagen, eintrug. Aber auch da verleugnet sich nicht die rührende Liebenswürdigkeit seiner Natur. Er findet auch später bei der ausführlichen Erzählung dieser Erlebnisse nicht einmal ein Wort des Grolls gegen Menschen und Schicksal, und scheint selbst nicht den bittern Humor zu empfinden, welcher in den Worten liegt, mit welchen er diesen Bericht schliesst: „Der Verlust meines Privilegiums schmerzte mich zwar, aber Herr v. Hartl tröstete mich mit dem Beispiel andrer Erfinder, denen es auch nicht besser gegangen ist, und die, nebst den ersten Unterstützern, ebenfalls keinen wahren Nutzen von ihren Unternehmungen erhalten haben."

Auch vom Verzagen blieb er fern, wie vom Grollen. Die Kattundruckerei war ihm ja immer noch als Erwerbsquelle sicher. Die Gesellschaft zu Pottendorf war grossentheils entschlossen, eine Kattunfabrik zu errichten. Fonds waren bereits angezahlt, um eine Probe im Grossen zu machen. Senefelder ging nach Pottendorf und setzte sich dort mit Thornton in Verbindung. Dieser hatte die grosse Druckmaschine auf sinnreiche Weise mit der bewegenden Wasserkraft der Spinnerei in Verbindung gebracht, so dass sie ohne Menschenhilfe arbeitete. Es handelte sich nur um die Herstellung der Kattunmuster auf den Walzen. Da aber überzeugte er sich, dass das Radiren, und damit Aetzen, eines frei mit der Hand zu zeichnenden kleinen Musters darauf nicht so leicht genügend correct zu bewerkstelligen war, um mit den gestochenen Muster der englischen Walzen concurriren zu können. Doch

4*

auch dafür fand er Rath, d. h. er erfand eine Musterzeichen-maschine, welche das Dessin noch präciser, als es der Stichel vermochte, auf das Metall der Walzen brachte, wo es dann im schönster Tadellosigkeit geätzt und druckreif gemacht werden konnte.

Den Beifall, welchen sein Verfahren bei den Einfluss-reichsten der Gesellschaft fand, hob ihn schnell wieder zur vollen Höhe seines Hoffnungsmuthes. Hartl versprach ein Privilegium für den Kattun-Walzendruck zu erwerben, dieses an die Pottenhofer Gesellschaft zu verkaufen und Senefelder als Director unter ähnlich glänzenden Bedingungen, wie die, deren sich Thornton bei der Spinnerei erfreute, anstellen zu lassen. Hier war er ja sicher! er „musste in kurzer Zeit ein reicher Mann werden!" Aber noch einmal trat das Schicksal vernichtend zwischen seine Hoffnungen und de-ren Verwirklichung. Diesmal — zum ersten Male in sei-nem Leben — in Gestalt eines weltgeschichtlichen Ereig-nisses. Die ganze gewaltige Zeit, die ungeheuern, Europa umgestaltenden Goochicke, der Sturz alter Throne, die Er-richtung neuer, nicht einmal Austerlitz scheint irgend einen Einfluss auf den Gang seines bisherigen Lebens und auf Gelingen oder Misslingen seiner Unternehmungen geübt zu haben. Die Weltgeschichte geht ihren Gang daneben, ähnlich wie es sich im Leben manches unsrer grossen Dichter jener Tage wiederholt. Aber gerade als Senefelders Glück durch jene Kattundruckerei gesichert werden sollte, setzte Napoleon die Continentalsperre durch. Für die Pottendorfer Spinnerei ein glänzender Segen: gingen doch ihre sämmtli-chen Vorräthe, da nun die englischen Gewebe ausgeschlossen waren, reissend ab. Aber für die Pläne der Anlage einer Druckerei ein Verderben: wozu? die Capitalien waren jetzt besser zur Vergrösserung der Spinnerei zu brauchen. Und ausserdem war diese neue Druckmaschine und Verfahrungsart schon kein Geheimniss mehr, sondern durch einen ungetreuen

Werkmeister Andern verrathen, nachgebildet und mehrfach in Fabriken in Anwendung gebracht worden.

Noch einmal zeigte sich in solcher Noth zufällig für Senefelder eine Aussicht auf Erfolg auf diesem Gebiet. Gebrüder Faber in St. Pölten, Besitzer einer Kattunfabrik, schlossen mit ihm einen Contract auf Errichtung einer Walzendruckerei, und der Kattundrucker Blumauer in Wien kaufte ihm eine kleine Presse zum Walzendruck für 500 Gulden ab.

In einigen Wochen sollte er seine Thätigkeit in St. Pölten beginnen, da traf ihn eine Nachricht, die ihn plötzlich wieder, und zum Glück für seine eigentliche Kunst, zu seinen Steinen zurückführte. Es scheint, dass jede Reise der unermüdlichen und unternehmenden Frau Gleissner immer irgend eine verhängnissvolle Wendung in Senefelders Leben zur Folge gehabt habe. Es war eine überraschende Mittheilung über seine Brüder, welche die unruhige Dame wieder einmal zu einer Reise nach München veranlasste. Ihr musikalischer Gatte war in Steiner-Grasnitzky's Anstalt wohl untergebracht und als Compositeur und Notenschreiber vollauf beschäftigt, und die Dinge in München mochten ihm ziemlich gleichgültig geworden sein. Aber das Temperament der Frau war von anderer Art. Als ihnen ein von München gekommener Hofmusiker erzählt hatte, wie gut es dort den Brüdern Sennefelder ergehe (in ihren Briefen an Alois hatten sie immer geklagt, kaum das liebe Brod zu haben!) wie sie ihr Privilegium an die Regierung verkauft hätten, an der Feiertagsschule angestellt wären und in Compagnie mit einem Herrn v. Hazzi Druckerei und Handlung betrieben, für welche ihnen sogar die Behörde ein bequemes Local in Aussicht gestellt habe, — da wurde das Verlangen bei Frau Gleissner übermächtig, mit eigenen Augen zu sehen.

Sie reiste ab. Nichts war übertrieben. Aber indem sie Alois das nach ihrer Rückkehr nach Wien bestätigte, erzählte sie ihm zugleich von eigenen sehr erfreulichen und vielversprechenden Begegnissen, die ihr in München geworden wären. Ein ehemaliger Lehrling Senefelders, der 1804 von Wien abgegangen, bei Breitkopf und Härtel in Leipzig geholfen hatte, eine Steindruckerei zu errichten, und eben wieder nach München gekommen war, hatte sie veranlasst, dort während ihres Aufenthalts wieder eine kleine Druckerei zu eröffnen. Der berühmte Musiker Abt Vogler liess einige Stücke in derselben drucken; der Auftrag wurde zu seinem vollen Beifall erledigt. Ja der Besteller hatte ein solches Wohlgefallen an diesen Leistungen der Steindruckerei, dass er sich mit dem Director der königlichen Hof- und Central-Bibliothek in Verbindung setzte, und denselben hinlänglich für diese Erfindung zu interessiren wusste, um in Gemeinschaft mit ihm Frau Gleissner das lockendste Anerbieten zu machen. Beide wollten mit ihr, ihrem Mann und Senefelder in Gemeinschaft eine grosse lithographische Anstalt in München errichten und ihrerseits die baaren Mittel zu deren Etablirung und Betrieb hergeben.

Wieder erwachten bei dieser Nachricht alle Lieblingshoffnungen Senefelders mit neuer Stärke. Der Contract mit den Gebrüdern Faber schien das einzige Hinderniss, um sofort zu ihrer Verwirklichung nach München abzugehen. Aber es bedurfte nur der Aeusserung seines Wunsches und das Versprechen, nach der Einrichtung der Steindruckerei, die in einigen Monaten geschehen sein werde, wieder behufs Aufstellung der Druckwalzen nach St. Pölten zurückkommen, um jene Herren zur freundlichsten Bereitwilligkeit zu stimmen. Ausser dem gewünschten Urlaub gaben sie ihm einen Vorschuss zur Anfertigung neuer kupferner Walzen in München mit und liessen ihn in Frieden ziehen.

Was Senefelder in den Mittheilungen der Frau Gleissner ganz besonders frappirt und erfreut zu haben scheint, das war der Name des bei der vorgeschlagenen Verbindung nach betheiligten Freiherrn v. Aretin. Entsann er sich desselben doch als seines durch Talente, Fleiss und Kenntnisse jederzeit ausgezeichnetsten Schulkemeraden auf dem Münchener

Gymnasium. Und mehr noch! Später war Senefelders Mutter einmal Mietherin in einem, dem Baron gehörigen Hause gewesen. In einer besonders nothbedrängten Periode hatte sie den Miethszins nicht erschwingen können. Und auf ihre Bitte um Nachsicht hatte der treffliche Mann und seltene Hauswirth, ihr den ganzen Betrag geschenkt. In Handelsgesellschaft und gemeinsames Wirken mit einem solchen Manne zu treten — dieser Gedanke reichte für Senefelder fast allein schon hin, um mit Freuden die Gelegenheit zu ergreifen, und den Contract der Frau Gleissner zu acceptiren. So schied er, mittellos, aber trotz aller trüben Erfahrungen weder muthnoch hoffnungsärmer, in ungebrochener Geistesfrische, Energie und Regsamkeit von Wien, dem Schauplatz so fruchtloser Mühen, so bitterer Enttäuschungen.

Die verhältnissmässige Resultatlosigkeit für die Entwicklung der Lithographie, wie für den Erfinder selbst, während der Wiener Periode rechtfertigt scheinbar nicht ganz die Ausführlichkeit, mit welcher wir bei der Darstellung der Erlebnisse, all der kleinlichen Nöthe, Missgeschicke, Chicanen und Widerwärtigkeiten verweilt haben, in deren umstrickendem Getriebe Senefelder dort so viel Kraft und Zeit unnütz zu verzetteln gezwungen war. Aber des Mannes eigenstes Wesen offenbart sich inmitten all dieser ihn bedrückenden Misère gerade am reinsten in seiner freundlichen Schönheit und schlichten unbewussten Grösse. Wo sich „des Fleisses Nerve" spannt, dass „der Gedanke ringend sich das Element unterwerfe" wächst auch wohl der kleinere Mensch über sich selbst hinaus; dieser echte Kampf des Geistes adelt und erhebt seinen Kämpfer. Aber im steten Ringen mit der niederziehenden, lumpigen, elenden Kleinlichkeit frei, edel, heiter und gut bleiben, das ist auch unter den Besten zu allen Zeiten nur Wenigen gelungen. Und nichts beweist schlagender, dass Senefelder zu dieser Elite der Menschheit gehörte, als sein Verhalten während seines Wiener Aufenthalts.

IV.

Abt Vogler, der nach seinem Verhalten zu Frau Gleissner und seinen Bemühungen um die Verbindung mit Senefelder zu schliessen, für diesen und seine ferneren Unterneh-
nehmungen eine besonders kräftige Stütze zu verheissen schien,
erwies sich, wie Senefelder bereits auf der Reise und gleich
bei seiner Ankunft in München erfahren musste, als eine
ausserordentlich schwankende und unzuverlässige. Anfangs
wollte er die lithographische Anstalt im Gebäude des Klosters
Atl bei Wasserburg errichtet haben, worauf jener natürlich
nicht einging. In München zeigte er, dass er unter jenen
Capitalien, mit denen er sich bei dem ganzen Unternehmen
zu betheiligen gedacht hatte, nur seine grossen Vorräthe von
alten Musikalien verstanden haben wollte. Diese verlangte er,
zu einem unverhältnissmässigen Werth taxirt, als seine Einzah-
lung angenommen zu sehen. Selbstverständlich war weder
Senefelder noch Aretin damit gedient, und so löste sich die
Gesellschaft, eigentlich noch ehe sie sich geschlossen hatte,
wieder auf. Die letztgenannten beiden aber blieben zusammen
und begannen sehr bald ihrem Institut eine Vielseitigkeit der
Richtungen und einen Maassstab des Betriebes zu geben, welche
sichere Aussichten für einen glänzenden Erfolg des gemein-
schaftlichen Unternehmens eröffneten. Aber gleichzeitig mit
seinem eignen Fortschreiten sah der Erfinder seinen gerechten
Hoffnungen eines Lohnes der Arbeiten gefährliche Feinde aus
der eignen Erfindung selbst erwachsen. Es war nicht mehr genug
an der, seines ausschliesslichen Privilegiums spottenden Concurrenz seiner Brüder. Wie das Geheimniss der Lithographie,
das er in seiner Mittheilungsbedürftigkeit und Offenherzigkeit
niemals besonders geheim zu halten besorgt gewesen war,
schien auch das Privilegium für Baiern immer illusorischer

werden zu wollen. Ganz offen errichtete ein ehemaliger Lehrling seines Bruders, Karl Strohhofer, in München eine lithographische Druckerei. Frau Gleissner, wenn sie auch die
Brüder nicht zu stören vermochte, liess sich das vorläufig
noch nicht bieten und gefallen, und setzte bei der Behörde
Verbot und Schliessung seines Etablissements durch. Er wandte
sich an Abt Vogler, welcher sich, den renommirenden Preisen
der eignen Tüchtigkeit vertrauend, von der Beihülfe dieses
Mannes einen noch billigeren Druck seiner Musikwerke versprach und ihm — so glaubt wenigstens Senefelder zu wissen
— Rath und Anweisung gab, anderswo, zunächst in Stuttgart,
sein Wissen von der neuen Kunst durch Verkauf desselben
zu verwerthen. Zwar vermochte Strohhofer nicht, in seinen
praktischen Leistungen seinen grossen Worten zu entsprechen,
die er auch dort gegen Cotta nicht sparte, aber auch so
genügte das, was er dort machte und zeigte, um einem scharf-
sinnigen Kunstfreunde, Herrn Rapp, das wahre Wesen der
Erfindung so zur Klarheit zu bringen, dass derselbe eine Schrift
„Das Geheimniss des Steindrucks" verfassen und bei Cotta
erscheinen lassen konnte, von welcher Senefelder selbst an-
erkennen musste, dass darin zum ersten Mal diese Kunst von
ihrer wahren Seite öffentlich gewürdigt worden sei! — Uebrigens war längst die Lösung dieses Geheimnisses auch durch
Senefelder's Brüder dem Professor an der Münchener Feiertagschule Mitterer mitgetheilt worden. Nicht zum Nachtheil für diese Brüder aber auch nicht zu dem der Kunst.
Mitterer widmete besonders der künstlerischen Seite der Erfindung, speziell der Kreidemanier, eine liebe und verständnissvolle Pflege. Zunächst hielt er diese Technik zur Herstellung
von Vorbildern zum Unterricht im Zeichnen vorzüglich geeignet. Zu deren Ausführung betrieb er, und mit Erfolg, die
Errichtung eines königlichen lithographischen Instituts bei
seiner Feiertagschule und die Anstellung der Senefelder'schen
Brüder als Lithographen an demselben. Das Privilegium
schien mithin so viele Jahre vor dem Ende seiner zugestan-

denen Dauer, das seinige gefunden zu haben, und in den Augen
selbst der Regierung, von der es ertheilt worden war, nur
als ein Blatt Papier, wie jedes andere zu gelten.

Denn allerorts in Baiern, deren im Auslande gar nicht
zu erwähnen, entstanden danach lithographische Institute; königliche Behörden und Private errichteten deren um die Wette.
Baron Aretin, der im Vertrauen auf die Gültigkeit des Senefelder'schen ausschliesslichen Privilegiums und der darauf ba-
sirenden Rentabilität, sein Geld hergegeben hatte, wandte sich
beschwerdeführend an die bairische Regierung. Man könne
es nicht mehr aufrecht erhalten, denn diese Kunst sei schon
längst kein Geheimniss mehr, lautete die ablehnende Antwort.
Mit Recht fand Senefelder eine höchst seltsame Auffassung
vom Wesen eines Patents in der damit bekundeten Ansicht.
Aber trotz solcher Schmälerung der gehofften Vortheile und
Erträge hat sich das Senefelder-Aretinsche Institut damals
bereits in der Geschichte der Lithographie als reproductive Kunst manches dauernde, ehrenvolle Denkmal gesetzt
durch Leistungen sehr hervorragender Art. Zu diesen gehört
die Facsimile - Nachbildung des berühmten, von Albrecht
Dürer für Kaiser Maximilian gezeichneten, im königlichen
Besitz befindlichen Gebetbuchs mit seinen wunderbar phan-
tasievollen Randarabesken. Piloty und Strixner, zwei für
das Institut engagirte, sehr geschickte Künstler, hatten diese
Meisterarbeit der lithographischen Federzeichnung mit einer
Vorzüglichkeit ausgeführt, die heut noch ihrer unbedingten
Anerkennung gewiss, damals von der jungen Kunst und dem
was sie vermöchte, einsichtigen kunstverständigen Zeitgenossen
wohl einen höhern als den bisher davon gehegten Begriff zu
verschaffen geeignet war. Dieselben Zeichner nahmen in Folge
des allgemeinen Beifalls, welchen diese Arbeit fand, eine noch
umfassendere und gewichtigere in Angriff: die Herstellung der
Facsimile - Copien der Handzeichnungen des Königl. bairischen Cabinets.

Aber geschäftlich rückte das Institut nicht recht vorwärts.

Die geschickten Zeichner waren ausserordentlich selten, arbeiteten sich nur schwer, uud nach vielem Misslingen in die verschiedenen Arten lithographischer Technik ein uud brauchten zu viele Zelt, um etwas Tüchtiges fertig zu stellen, als dass der Gewinn wirklich gelohnt hätte. Dazu fehlte es der Anstalt an einem rechten geschäftskundigen Leiter. Und der schlimmste Mangel, an verlässlichen Druckern. Das Verderben nicht blos der Drucke, sondern auch der Platten, war etwas nur zu gewöhnliches bei ihnen. Wenn Senefelder nicht Alles und Jedes an allen seinen fünf Pressen selbst machte, so konnte er kaum auf ein Gelingen zählen.

Wenn er mit Regierungsarbeiten beauftragt wurde, so absorbirten dieselben, behufs der geforderten, schnellen Erledigung, die ganze Thätigkeit der fünf Pressen und alle andern Bestellungen konnten nicht berücksichtigt werden. Dann wieder stockte die Arbeit wochenlang, und die nutzlos bezahlten Arbeitslöhne verschlangen bald den Ertrag. Es musste immer wieder der ideale Lohn der Ehre und es musste die „holde Trösterin Hoffnung" für den empfindlichen gegenwärtigen Ausfall des materiellen Gewinnstes entschädigen.

An solchen Ehren, welche von den Grossen dieser Welt nicht ungern erwiesen werden, da sie zwei Tugenden vereinigen: den Empfänger hoch zu beglücken und den Spender nichts zu kosten, fehlte es dem Institut, wahrscheinlich besonders der Freiherrlich Aretin'schen Compagnonschaft wegen, keineswegs. Der vielverheissende Kronprinz Ludwig sogar „mit seiner durchlauchtigsten Schwester," Kaiserin von Oesterreich, besuchten eines Tages die lithographische Anstalt und ersterer fühlte sich gnädig bewogen, die Worte: „Die Lithographie ist eine der wichtigsten Erfindungen des achtzehnten Jahrhunderts," auf den Stein zu schreiben; seine erhabene Schwester dazu „die wenigen, aber vielsagenden Worte" zu fügen: „Ich ehre die Baiern." Und diese Autographen wurden in der Gegenwart der Herrschaften geätzt und gedruckt. — Und nicht genug an solchen Ehren. Der Kronprinz beauf-

tragte den Bildhauer Kirchmair mit der Modellirung einer
Büste Senefelders in Gips, „um dieselbe dereinst, wenn
die Lithographie durch das allgemeine Urtheil in einen
ehrenvollen Rang gestellt sein würde, dieselbe von Stein ver-
fertigen und unter den vorzüglichsten Künstlern Baierns öffentlich aufstellen zu lassen." —

Was die neuen glänzenden Hoffnungen betrifft, so grün-
deten sich dieselben einmal auf die wirklich von ehrlicher
Hochschätzung und Freundschaft eingegebenen Verheissungen
Aretins, welcher, wenn erst seine Verhältnisse es gestatten
würden, Senefelder volle Musse zu verschaffen beabsichtigte
und versprach, um dann ausschliesslich seinen Erfindungen,
den Studien, den Experimenten und der Durchführung seiner
Ideen zu leben. Dann wieder wurden Senefelders Blicke und
Hoffnungen auf Paris gelenkt. Dort sollte ihm, durch Ver-
mittelung Denou's und des königl. Galleriedirectors v. Manlich,
der Ruf zur Errichtung einer kaiserlichen lithographischen
Anstalt, das Directoriat derselben und bedeutendes Geld-
einkommen werden. — In der nächsten Nähe aber, in München und Augsburg, schien seiner noch sicherer und greifbarer
Erfolg und Gewinnst zu warten. Seine alte Leidenschaft für
den Cattundruck war wieder angefacht worden. Es waren
Pläne im Gange zur Errichtung einer Cattunfabrik, bei welcher er der Socius des Oberhofmeisters der Kurfürstin Wittwe,
des Grafen v. Arco werden sollte.

Aber auch alle diese schönen Aussichten hatten das Ge-
meinsame unter sich, wie mit seinen vordem gehegten, dass
sie eben nichts als Aussichten blieben, eine neckende Fata-
Morgana. Den Baron Aretin rief eine erfolgte Anstellung als
Regierungs-Director nach Neuburg von dem Institut und der
ganzen Beschäftigung mit der Lithographie ab, welcher er im
Ganzen mehr Plage und Verdruss, als nennenswerthe Vortheile
zu danken gehabt hatte. Den Pariser Plan liessen die ge-
schichtlichen Ereignisse scheitern: Mit der Herrlichkeit des
Kaisers fiel auch die Aussicht auf ein kaiserliches lithogra-

phisches Institut daselbst. Der Plan der Kattunfabrik aber wurde durch eine wunderliche Verkettung von Umständen, sogar die Quelle neuer Widerwärtigkeiten für Senefelder. Es sieht wirklich so aus, als ob jede Beschäftigung mit diesem Industriezweig und dieser Anwendungsart seiner Erfindung für Senefelder verhängnissvoll gewesen wäre. Hier wurde ihm die bestellte kupferne Walze durch den Münchener Fabrikanten unbrauchbar gemacht; auf die bestellte grosse englische Drehmaschine, nach dem Muster der Pottendorfer, liess man ihn zwei Jahre warten. Und das Schlimmste für ihn, neben der über diesen Bestrebungen verlorenen Zeit und Mühe, war der daraus resultirende Conflict mit den Gebrüdern Faber in St. Pölten, deren Contrakt darüber völlig unerfüllt blieb. Das geschah so: Seinem Institut war einmal wieder eine „hohe Ehre" widerfahren. Graf Arco führte den Grafen Montgelas, den bekannten bairischen Minister in der Franzosenzeit, zu Senefelder. Dieser hatte vor dessen Augen einige Kattundruck-Proben mit seiner kleinen Wiener Modellpresse vorgenommen, welche zu hoher Zufriedenheit geriethen. Aber leider schloss ihm die Freude über solchen Erfolg wieder unnöthigerweise das Herz auf. Als Graf Montgelas gar ein Privilegium für diese in Baiern noch unbekannte Druckmanier in Aussicht stellte, konnte Senefelder sich nicht enthalten, seinem Verfahren noch ein grösseres Relief dadurch zu geben, dass er von der Schätzung desselben im Auslande sprach und zu deren Beglaubigung — seinen Contrakt mit den Gebrüdern Faber vor dem Minister entfaltete. Aber wie kam er damit an! „Excellenz nahmen die Nachricht sehr ungnädig auf."

Ein bairischer Unterthan, welcher seine Gaben zum Vortheil eines fremden Staates verwerthen wolle, dürfe sich nie und nimmer mit der Hoffnung königlich bairischer Förderung und Unterstützung schmeicheln. Ueberdem verböte das Gesetz des Landes ausdrücklich ein ähnliches Verfahren, d. h. die Ausübung einer Kunstfertigkeit an Ausland, deren Alleinbesitz für Baiern von Vortheil sei, wonach sich zu richten.

Und dieses Vergehens musste sich unbewusst gerade ein so loyales, glühend patriotisches, ausschliesslich bairisches Herz, wie Senefelders, schuldig machen! Er liess dem Minister durch Aretin und Arco betheuern, dass dieses Druckverfahren keineswegs nur bairische Erfindung, sondern längst in England in allgemeinem Gebrauch sei. Man möchte ihn deshalb doch nicht an der Einhaltung seiner contraktlichen Verpflichtungen als ehrlicher Mann verhindern. Aber diesen Herren scheint es nicht sehr dringend gewesen zu sein, für den Bittsteller die Erlaubniss zum Weggehen zu erhalten. Die Zeit verging mit vergeblichem Warten. Die Gebrüder Faber wurden ungeduldig, wurden dringender. Senefelder verfiel, für ihn wieder ganz bezeichend, auf das seltsamste Mittel sich aus der Verlegenheit zu ziehen. Er bat die Herren brieflich, sie möchten ihn gerichtlich in München zur Einhaltung seines Contrakts, d. h. zur sofortigen Reise nach Wien zwingen lassen, in der eigenthümlichen Voraussetzung, dass das Münchener Stadtgericht weniger gesetzes- und verordnungsfest als der Herr Minister sein, und mit dem von diesem herangezogenen Paragraphen ganz unbekannt sein möchte. Aber eine unvorherzusehende Wendung, der es nicht an einem gewissen Humor fehlte, so unbehaglich sie sich auch für Senefelder erweisen sollte, trat ein. Der Geschäftsführer Fabers in München fallirte; sein Nachfolger aber verstand seine Aufgabe anders und klagte nicht mehr auf Erfüllung des Contraktes, sondern auf Schadenersatz in der Höhe von 12,000 Gulden. Nun blieb dem Verklagten gerade jener hinderliche bairische Gesetzparagraph als einziger Schutz und Schirm, hinter dem er sich verschanzen konnte. Dem allein dankte er es, dass er mit der Rückzahlung des Vorschusses und dem Verlust alles ihm dort bei Fabers gesichert gewesenen Gewinnstes davon kam.

Und während er sich in solchen Plackereien und mit den Folgen einer, auch von Aretin keineswegs rationell betriebnen, ungenügenden, kaufmännischen Geschäftsleitung herum zu schla-

gen hatte, sah er rings um sich in München allerorts Stein-
druckereien entstehen, welche die Preise immer mehr und mehr
herunterdrückten und ihm die Concurrenz fast unmöglich machten. „Es schien," so schreibt er selbst mit sehr wohl nach-
zufühlender Bitterkeit, „dass ich blos deshalb Tag und Nacht
gearbeitet hatte, um Andern den Vortheil meiner mühseligen
Arbeiten überlassen zu müssen, indess ich selbst nur das Leben durchbrachte." „Ohne ein glückliches Ungefähr hätte es
soweit kommen können, dass ich, um meinen Unterhalt zu
verdienen, es hätte für ein Glück nehmen müssen, bei einem
meiner ehemaligen Lehrlinge Arbeit zu finden!" .Dabei musste
er öffentlich hören und gedruckt lesen, wie seine Gegner sein
ehrliches Mühen und Schaffen, ebenso wie die Lauterkeit und
den Adel seiner Gesinnung herabsetzten. Er habe nur eben
das Rohste der Kunst erfunden, es darin nicht weiter als zum
Notendruck gebracht, und aus schnödem Eigennutz das Geheimniss der Erfindung von Jedem verborgen gehalten. — Er,
dessen gütiges, hochherziges Gemüth keinen Eigennutz je gekannt, der aus allem, was er besass und errungen, aus geisti-
gem und materiellem Besitz, immer nur ein Gemeingut für
Alle zu machen beeifert gewesen war, und der dabei jeden
Zweig seiner Kunst zu einer solchen Ausbildung gebracht
hatte, dass damals auch die Geschicktesten noch immer bei
ihm in die Schule gehen konnten!

Seine Brüder hatten desto besseres Glück. Bei der Errichtung eines neuen Municipaldepartements, der General-Admini-
stration der Stiftungen und Communen unter dem Freiherrn
v. Hartmann als Chef, kam den Kanzlisten, welche die lang-
weilige Mühe des endlosen Abschreibens hatten, die verständige
Idee, solche ins Unendliche zu copirende Verfügungen und Aus-
schreiben, lieber lithographiren und drucken zu lassen, was
ihnen Theobald, der Bruder Senefelders, dann auch zur Zufriedenheit besorgte. Das veranlasste jenen Chef, die Lithographie für alle ähnliche Zwecke, für Tabellen, Listen,
Ausschreibungen u. s. w., in seinen Bureaux zur Anwendung

zu bringen. Mit der besten Absicht damit zugleich, dem
Erfinder dieser Kunst die bedeutenden Vortheile zuzuwenden,
welche bei der Uebernahme so umfangreicher Aufträge sich
nothwendig für das betreffende Institut ergeben mussten, hatte
v. Hartmann zu Senefelder geschickt, um ihn zum Empfang
dieser Bestellungen zu ihm zu bringen. Aber statt des Alois
holte der Bote wieder den Theobald, und dieser empfing den
Auftrag zur Errichtung eines lithographischen Instituts im Ministerium; dazu die Inspektorstelle, hohes Gehalt, Neben-
einkünfte, Garantieen aller Art, kurz so viel des Guten, dass
er bald sehr bedeutende Einnahmen erzielte und ein gemachter
Mann wurde.

Erst durch des Minister Montgelas verwunderte Aeusse-
rungen, als Frau Gleissner ihn einmal um einige Regierungsarbeiten zur Unterstützung des Alois Senefelder'schen Institutes bat, erfuhr sie und ihr Freund von der stattgehabten
Verwechslung und deren Folgen.

Helmle und Roth, Lehrlinge Theobald's, orrichteten bald
darauf elne concessionirte Druckerei; die Königliche Armen-
anstalt, ein Herr Dietrich, Siedler, der Hofkupferstecher Metten-
leithner in Verbindung mit Alois bestem Steindrucker Weishaupt desgleichen. Schon 1809 gab es neben der des Erfinders bereits sechs öffentliche lithographische Anstalten in
München. Die Mettenleithnersche, später unter die Verwal-
tung der Steuer-Kataster-Commission gestellt, entwickelte sich
zur bedeutendsten von allen. Dort kam zuerst das Plan-
und Kartenstechen zur grössten Ausbildung und umfassend-
sten Verwendung. 30 Graveurs hatten dort unter Metten-
leithner die 20,000 Pläne des Steuer-Katasters in Stein zu
stechen.

Das Bedürfniss einer besonders grossen Steinplatte, behufs der Lithographie einer entsprechend grossen Tabelle
seitens dieser Behörde, wurde für die endliche Wendung von
Senefelders Schicksal entscheidend. Weishaupt hatte sich ent-
sonnen, bei Letzterem Platten von solchem Umfang vorräthig

gesehen zu haben. Er schickte deshalb einfach mit einem
Gruss des von Senefelder hochgeschätzten Steuerrath Badhauser zu des ersteren Druckerei, um einen Stein von der
nöthigen Grösse kaufen zu lassen. Zwar nicht Senefelder,
wohl aber Frau Gleissner fand etwas Auffälliges darin, und
ging sofort, um ihre Aufklärung an der Quelle zu suchen, zu
Badhauser. Auf die Beschwerde dort, dass die Regierung dem
Erfinder, ausser dem gegebenen Privilegium, auch sogar
die Arbeiten und die Arbeiter entzöge, kam es heraus,
dass man über seine wahren Gesinnungen getäuscht worden war.

Der Director der Vermessungs-Commission, Geh. Rath
Utzschneider, war durch einen bei Senefelder beschäftigten
tüchtigen Zeichner, Schiessl, man ersieht nicht recht ob unab-
sichtlich oder zu welchem Zweck, über diesen durchaus falsch
berichtet worden, als ob er nicht daran dächte, Arbeiten für
eine fremde Druckerei zu unternehmen, im Gegentheil seinen,
wegen Schädigung des Privilegiums angestrengten Process gegen
den Fiscus auf's Aeusserste zu betreiben beabsichtige. Von solcher
Meinung brachten Senefelders Erklärungen den Beamten bald zurück. Der Astronom und Geometer Schiegg, Mitglied der Steuer-
Cataster-Commission, unter dessen Aufsicht der ganze Stich
und Druck der Pläne sich befand, war, unzufrieden mit manchen Leistungen und besonders mit der grossen Kostspielig-
keit des Betriebs in der Regierungs-Druckerei, durch Senefelders sehr billige Forderung für jene Platte veranlasst worden, Unterhandlungen mit ihm anzuknüpfen. Gern erklärte
dieser sich zum Druck der gestochenen Platten für zwei Drittel
des bisher in jener Anstalt dafür berechneten Preises bereit. Aber
das Ministerium verwarf nichts desto weniger diese Forderung.
Dagegen trat Utzschneider mit dem andern, und in mancher
Hinsicht für Senefelder noch angenehmeren Vorschlage hervor,
er möge, da es der Wunsch und der Stolz der Königlichen
Commission sei, den Erfinder der Lithographie als Mitglied zu
besitzen und im Namen des Vaterlandes seine Bemühungen

5

zu lohnen, seine und Gleissners Anstellung bei derselben mit auskömmlichem Gehalt beantragen, die ihm dann sicher zu Theil werden würde. Senefelder ergriff den Vorschlag mit Freuden und sah im October 1809 diesen Lieblingswunsch erfüllt. Er erhielt 1500, Gleissner 1000 Gulden Gehalt, den Titel des Königlichen Inspektors und die Freiheit, nebenbei auch mit seinem eigenen Institut mit Aretin in Verbindung weiter arbeiten zu dürfen, vor Allem aber die Druckerei des Catasters nach besten Kenntnissen einzurichten, und die Arbeiter zu unterweisen und heranzubilden.

Die in die nächste Zeit danach fallende Versetzung Aretins aber liess das gemeinsam geführte Institut in der Folge doch auch durch Senefelder aufgegeben werden.

Der Gallerie-Director Manlich, der sich um die Ausbildung der Lithographie zur Höhe einer wahren Kunst die grössten Verdienste erworben hat, übernahm dessen künstlerische Leitung, der Kunsthändler Zelter die kaufmännische und für den Anfang wenigstens die des Druckwesens.

Man weiss, wie wichtig in der Folge die Thätigkeit gerade dieser lithographischen Anstalt geworden ist. Durch sie wurden jene grossen lithographischen Sammelwerke eigentlich erst in's Leben gerufen und in dem mit ihr verbundenen Verlag herausgegeben, welche die neue reproductive Technik dem Kupferstich ebenbürtig an die Seite zu setzen schienen. Da war zuerst die schon unter Senefelder begonnene „Sammlung der Handzeichnungen des Königlich bairischen Originalhandzeichnungskabinets von Piloty und Strixner lithographirt (432 Blätter), dann die 1817—20 erschienenen Originalhandzeichnungen bairischer Künstler von ihnen selbst lithographirt (43 Bl.). Es folgte 1822 die von Strixner, Piloty, Auer, Dorneck, Quaglio u. A. ausgeführte „Königlich bairische Gemäldesammlung zu München und Schleissheim" (200 Bl.), 1832 ergänzt durch die „50 Blätter nach den vorzüglichsten Gemälden der Münchener Pinakothek." Bis in die Vierziger Jahre hinein zieht sich die Herausgabe ähnlicher Unternehmungen, an denen

Manlich selbst freilich keinen Theil mehr hatte, Zeugnisse einer immer fortschreitenden Verbesserung der Kunst der Steinzeichnung und des Steindrucks unter der sorglichen Pflege, die ihr in diesem Institut zu Theil wurde.

Senefelder sah mit ungemischter Freude diesem fröhlichen Gedeihen dessen, was er gesät hatte, zu. Ihm war durch seine feste Anstellung und Besoldung die so lange vergeblich ersehnt gewesene Musse geworden, ohne durch den Zwang der Noth abgelenkt und zu Brodarbeiten gezwungen zu werden, ausschliesslich seinen Versuchen, den Arbeiten seines rastlos erfinderischen Geistes und technischen Genies hingegeben leben zu können, nachdem er erst einmal die Cataster-Commissions-Druckerei in gehörigen Gang gebracht hatte.

Auch sein immer schon beabsichtigtes Lehrbuch der Lithographie mit der Herstellung der dazu erforderlichen Musterblätter, in welchen er das Vollendetste, was seiner Kunst zu leisten vergönnt wäre, zu geben gedachte, beschäftigte ihn von nun an (1810) mit ganzem Ernst.

Aber noch nach einer andern Seite hin wirkte jene Anstellung und verhältnissmässige Sicherung der Existenz auf die Gestaltung seines ferneren Lebens ein. Er verheirathete sich mit der Tochter des Oberauditeurs Versch, einem sechszehnjährigen Mädchen. Die Ehe dauerte nur drei Jahre. Im ersten Wochenbett starb seine junge Frau. — Er hatte geglaubt, ihr mit einer ihr übergebenen kleinen Druckerei mit 2 Pressen, die er sich bei der Auflösung seines mit Aretin betriebenen Institutes zurückbehalten hatte, eine persönliche Einkommensquelle zu sichern. Aber die ihm dafür von der Königlichen Mauthdirection gegebenen Arbeiten, welche sie erst lebhaft beschäftigten, sollten erst — nach 4 Jahren bezahlt werden. So verzagte seine junge Frau an dem Gewinn und gab die Sache auf. Frau Gleissner übernahm sie statt ihrer Aber durch eine unheilbare Gehirnkrankheit ihres Mannes (gest. 1824) seines Beistandes beraubt, zuletzt durch die wachsende Concurrenz der andern Privat- und Königlichen

Druckereien arbeitslos geworden, gerieth diese muthige, thätige, für Senefelder und sein Gelingen wiederholt so wichtig gewesene Frau, in ihrem Alter in eine gänzlich hülflose Lage. Wir wissen nicht einmal, ob Senefelders rührender Apell an die Königliche Grossmuth für sie Erfolg gehabt hat.

V.

In dem Artikel „Senefelder" des grossen Nagler'schen Künstlerlexikons liest man die Nachricht, dass dieser bereits 1810 nach Paris gegangen sei und dort durch die Proben seiner Kunst die höchste Bewunderung geerntet habe. Ich finde nirgend sonst eine Andeutung über diesen frühen Besuch der Kaiserstadt durch ihn. Seine Selbstbiographie, welche bis 1816 so ausführlich sich über das kleinste Detail seiner Unternehmungen, Reisen, Pläne, Begegnungen mit Zeitgenossen verbreitet, erwähnt in der Erzählung von diesen Jahren nichts von einem solchen Aufenthalt. Schwerlich hätte er gerade von ihm geschwiegen. Uebrigens hatte damals schon längst die Erfindung ihre „tour du monde" angetreten. Durch die beiden Filialen André's war sie in Paris wie in London bekannt geworden und in Betrieb gekommen. Nach Italien, besonders Rom, Venedig, Florenz hatte 1807 ein Schüler Mitterers, Herr Da l'Armi, die Lithographie getragen; in Russland wurde sie ausgeübt. In Paris hatten Choron, welcher das Geheimniss von André erwarb (1807), und Baltard weder im Notendruck noch im Kunstfach etwas Ordentliches daraus zu machen gewusst. Sie scheiterten an der schlecht bereiteten lithographischen Tusche und Kreide. Erst 1810, als die ersten schönen Proben der vervollkommneten Münchener Technik nach Paris gesendet wurden, es waren Blätter jener Facsimile-

Reproduction von Originalhandzeichnungen, — und als Denou in Person, ganz erfüllt von dem, was er im Manlich'schen Institut in München gesehen, seinen begeisterten Bericht davon in Paris abstattete, wurde man wieder aufmerksam auf die neue Kunst. Zwar Manlich's Antrag auf Erlaubniss, dort ein lithographisches Institut errichten zu dürfen, wurde ihm abgeschlagen. (1814.) Aber der Minister Montalivet sendete Herrn Marcel de Serres zu weiteren Studien der Lithographie nach München.

Er und ein zweiter zu diesem Zweck entsendeter Prüfer der Erfindung, Graf Lasteyrie, Mitglied der französischen Ermuthigungsgesellschaft der Nationalindustrie, gelangten zum Resultat mit der wirklichen Uebertragung dieser Kunst nach Paris. Aber erst Engelmann, einem aus Mühlhausen im Elsass gebürtigen jungen Künstler, Schüler Senefelder's und Manlich's, war es vorbehalten, derselben ihre Stellung und ihren schnell wachsenden Betrieb auch in Frankreich zu geben. Die akademische Prüfungscommission, welche über seine Leistungen zu entscheiden hatte, stattete durch das Organ des Herrn Castellan 1816 den günstigsten Bericht über diese, wie über die ganze Erfindung Senefelder's ab, in welchem die Letzterem zugewendeten Ehren nur äusserst sparsam abgemessen waren, um die Verdienste Engelmann's in desto hellerem Licht erglänzen zu lassen. Jedenfalls sind die Arbeiten dieses Künstlers für die Begründung und Entwickelung der Lithographie in Frankreich nicht hoch genug anzuschlagen. Das Druckverfahren, die Bereitung der Kreide, haben dort durch ihn schnell einen ausserordentlichen Grad der Vollkommenheit erreicht, welcher es erst möglich machte, die französischen Künstler, und zwar auch die ersten schöpferischen Meister unter ihnen, so dafür zu interessiren, dass sie diese Technik zum beliebtesten Originalausdrucksmittel ihrer erfinderischen Phantasie wählten, wie sie dieselbe als eine der erwünschtesten schätzen und anwenden lernten, wo es sich um die Wiedergabe der Werke der Malerei handelte.

Senefelder aber mühte sich in jenen nächsten Jahren nach 1810 vorzugsweise an der Herstellung seiner Musterblätter für den Atlas seines begonnenen Lehrbuchs. Er sah sich dabei in der eigenthümlich schlimmen Lage, dass die Fortschritte der lithographischen Technik rings um ihn so schnell gingen, dass die Blätter eines Heftes, wenn sie endlich vollendet, gedruckt und zur Herausgabe bereit waren, durch die inzwischen erlangten bessern Resultate antiquirt erschienen und daher wieder verworfen werden mussten.

Sein alter Freund André, mit dem er wieder vollständig versöhnt war, kam 1811 während dieser Nöthe nach München. Er rieth ihm, die Blätter bei ihm in Frankfurt durch dortige Zeichner ausführen zu lassen. Aber das gelang noch weniger. Diese verlangten ausschweifende Preise, weil sie — die Technik des Steinstichs noch nicht genügend kennten und daher erst erlernen müssten. Es blieb nichts, als mit den Versuchen in München fortzufahren. Jedenfalls liest man auch leicht bei Senefelder zwischen den Zeilen, was andre Nachrichten bestätigen; die ganze Herausgabe dieses wichtigen Werkes verzögerte sich nicht blos aus solchen äussern Gründen. Viel Schuld daran hatte eben so gut des Autors von tausend andern Dingen, besonders von der Lust und dem Drange des immerwährenden Experimentirens, Erfindens, Neuschaffens angeregter und erfüllter Geist.

Auch häusliche Umstände wirkten eine Zeit lang mit dazu, ihn abzuziehen. Seine junge geliebte Frau starb bei der Geburt seines ersten Sohnes. Die Sorge um diesen fiel ihm allein zu, bis er nicht lange nach jenem schmerzlich beklagten Verlust diese Sorge mit einer zweiten Gattin zu theilen sich entschloss, welche ihn schon „durch die wahrhaft mütterliche Behandlung seines Kindes" wieder glücklich mit dem Schicksal aussöhnte. Das hat sie freilich nicht verhindert, ihm das seinige nicht gerade zu versüssen durch Liebenswürdigkeit und jene tiefere geistige verständnissvolle Antheilnahme an dem Leben seines Geistes, wie es gerade einem

wie dieser Gearteten, zu wünschen und zu gönnen gewesen
wäre. Diese Tochter des Münchener Kapellmeisters von
Winter erwies sich bald genug als eine jener „braven, tüchtigen, pflichtgetreuen" Hausfrauen, nach der Art von Dürer's
berühmtem Eheweib Frau Agnes (wenn auch wohl nicht ganz
so schlimm), welche Pirkheimer zu dem treffenden Ausspruch
Anlass gab: „es sollte aber einer lieber eine Bübin, die sich
sonst freundlich hielte, haben, als solche nagende, argwöh-
nische, keifende, fromme Frau". . . Freilich, eine Natur wie
Senefelder's, war überhaupt nicht besonders für das Glück der
Ehe und des Hauses geeignet. Ueber all' den Plänen, die
ihm in Kopf und Herzen schwirrten, über den Experimenten
in seinem geliebten Laboratorium vergass er, wie Schlaf, Ruhe,
Nahrung, auch eben so leicht jede Rücksicht auf die daheim
auf ihn Wartenden und ihre häusliche Ordnung; in seiner
grenzenlosen Gutmüthigkeit und Eigennutzlosigkeit jederzeit
die andere Rücksicht auf die finanzielle, wirthschaftliche Ordnung des Hausstandes, der Vermögensverhältnisse. Sicher
hat er nie das Gleichgewicht zwischen Ausgaben und Einnahmen gefunden; Gehalt und Honorare waren erwiesener-
maassen durch Vorschüsse schon immer längst vor dem eigentlichen Zahlungstermin erschöpft. Wer ihm daraus, wie es
denn geschehen ist, einen Vorwurf macht, darin — einen
Flecken seines Charakters sehen will, (leider hat sich Engelmann dieser Beengtheit der Anschauung schuldig gemacht)
beweist damit nur eine Kleinlichkeit des Sinnes, welche ihn
zur wahren Würdigung eines solchen Mannes und seines
inneren Lebens unfähig macht. „Eines schickt sich nicht für
Alle;" am wenigsten aber die Tugenden eines musterhaft
guten, geregelten Wirthes, Hausvaters und klugen Mehrers
seines Gutes und seiner Vortheile auf Kosten Andrer, für eine
Erfindernatur und ein Kindergemüth wie dieses Mannes.

Als an ihn 1816 von Seiten des Buchhändlers Gerold in
Wien die Einladung erging, dorthin zu kommen um demselben eine Steindruckerei einzurichten, war er sofort dazu ent-

schlossen, die alte Stätte seiner Prüfungen und Enttäuschungen
für einige Monate lang wieder aufzusuchen. Dort meinte er
eben so gut wie zu München am Text seines Buches weiter-
arbeiten zu können, während die Zeichner daheim mit
der Vollendung der Platten für das Musterbuch beschäftigt
wären. Eine heftige Erkrankung in Wien, welche seine Rückreise im Winter 1816—17 unmöglich machte, verlängerte
seinen Aufenthalt daselbst über alles Erwarten. Dazu setzte
sich seinen Bemühungen gerade der entgegen, von dem er
sich dessen am wenigsten versehen hätte, jener Hartl'sche
Secretair Steiner, dem er für — 50 Gulden seinen Geschäftsantheil und sein Privilegium für Oesterreich vor 10 Jahren
überlassen hatte. Er verhinderte hartnäckig die Ertheilung
der Concession zum Steindruckereibetriebe an Gerold. Senefelder's ganze Thätigkeit musste sich darauf beschränken, den
Wiener Kunstliebhabern, unter denen ihm besonders der Oberst
v. Aurach, der Hauptmann Kohl und der Zeichenlehrer der
Familie des Fürsten Schwarzenberg, Kuniko, nahe traten, durch
die von ihnen gemachten Proben eine Vorstellung von dem
beizubringen, was die Lithographie als nachbildende und ver-
vielfältigende Kunst zu leisten im Stande wäre. Steiner hatte
während seines Betriebes sehr wenig davon spüren lassen.

In Kunike fand Senefelder einen eifrigen und geschickten
Adepten, der ihn selbst durch die Kunst überraschte, mit
welcher er ungenügenden Abdrücken in Kreidemanier durch
Retouche auf dem Papier den täuschenden Schein ebenso
der Vollendung als der unmittelbaren Handzeichnung zu geben
wusste.

Nach München zurückgekehrt, wurde dann endlich sein
Lehrbuch der Lithographie nebst der einleitenden Geschichte
der Erfindung besonders durch Anregung und stete Ermun-
terung des General-Secretairs der baierischen Akademie der
Wissenschaften v. Schlichtegroll, von ihm zum Abschluss
gebracht. Der Genannte selbst hat die Einleitung dazu ver-
fasst. Als dieser ihm die für sein loyales baierisches Herz

unendlich beglückende Gunst verschaffte, vor den Majestäten
selbst die Proben seiner Kunst abzulegen und Worte gnädiger
Anerkennung dafür aus deren Munde zu ernten, da seufzte
er wohl, „dass das menschliche Dasein so beschränkt sei, dass
es ihm nicht vergönnt wäre, den zehnten Theil seiner Ent-
würfe auszuführen, um sich dieser allerhöchsten Gnade noch
durch manche andre nützliche Erfindung würdig zu machen."
Und doch, wie Vieles hatte er schon damals wirklich gemacht,
positiv entdeckt, erfunden, in's Leben gerufen, und durch-
geführt bis zu einem hohen Grade der Vollendung, in diesen
20 Jahren seines Arbeitens, die seit dem ersten Versuch, sich
ein Surrogat des Letterndrucks zu schaffen, verflossen waren.
Wenn er in die tiefempfundenen Worte ausbricht: „So fliegt
die Zeit während unsers unbehilflichen Dichtens und Trach-
tens unaufhaltsam davon, und wenn eine Reihe von 20 oder
30 Jahren durchlebt ist, so bleibt uns nur die Verwunderung,
wie so wenig von alledem sein Dasein erhielt, was uns ehe-
mals glühende Phantasie und feuriger Eifer als so leicht ausführbar malte," — so trifft das doch in Wahrheit auf keinen
weniger zu als auf ihn. Man erwäge nur die Zahl seiner Erfindungen, die er mit vollstem Recht in seinem Lehrbuch als
die von ihm bis dahin gemachten aufführen konnte. Da finden
wir von Abarten und Zweigen des Steindrucks die bis zu
grosser Vollkommenheit gebrachte Methode des Umdrucks
vom Papier, des Ueberdrucks von neuen und alten Büchern
und Kupferstichen, wodurch sich auf die leichteste Art lithographische Stereotypen herstellen lassen. Dann den
Farbendruck, mittelst dessen er sich schon damals anhei-
schig machte, Oelgemälden ganz ähnliche Abdrücke zu liefern,
denen Niemand ansähe, dass sie gedruckt wären, da sie alle
Eigenheiten der Oelmalerei besässen. Drittens eine neue Art,
Bildertapeten, Spielkarten, sogar Kattun zu drucken, wobei
zwei Personen in einem Tage 2000 Abdrücke von der Grösse
eines Schreibbogens machen können, wenn das Bild gleich aus
hundert und mehreren Farben bestehen sollte. Von den Me-

thoden der von ihm erfundenen lithographischen Zeichnungs-
manieren nennt er die vertiefte Kreidemanier, die Verwand-
lung der erhabenen in die vertiefte und umgekehrt, nebst der
mit einer Maschine geschriebenen Druckschrift zu Prachtaus-
gaben, einige Aquatinta-Arten, die „gespritzte Manier;" er
hätte Federzeichnung und Gravirung auf Stein noch hinzufügen
können.

Dazu kommen die Verbesserungen des Druckprocesses:
die Erfindung einer Maschine, welche das Nassmachen und
Einschwärzen des Steines nicht der unsicheren Menschenhand
überlässt, sondern durch ihren eigenen Mechanismus besorgt.
Und, nächst dem Steindruck einer der wichtigsten: die Metal-
lographie, zu welcher er den Grund, wie ich an jener Stelle
erwähnte, bereits 1799 ziemlich gleichzeitig mit der Entdeckung des chemischen Druckes und der Eigenschaften des
Solenhofer Steines gelegt hatte. Man weiss, welche Ausdeh-
dung und vielfach einflussreiche Anwendung in den mannig-
fachsten Industriezweigen auch dieser Metall-, besonders Zink-
druck seitdem gefunden hat.

Für seine verbesserten Druckmaschinen und den Metall-
druck verlieh ihm die Bairische Akademie der Wissenschaften
1817 die goldene Medaille; das Ministerium 1818 für beide
Erfindungen ein Privilegium.

Er selbst versprach sich noch mehr, als von diesen, von
den Resultaten einer hier noch nicht mit aufgeführten. Sie
betraf die Herstellung von Surrogaten für den Solenhofer Kalkstein. Wie schon oben erwähnt, glaubte er die diesen vollständig ersetzende Masse gefunden zu haben, welche, auf Holz,
Metall oder selbst starkes Papier getragen und entsprechend
behandelt, alle Vorzüge, chemischen und mechanischen Eigenschaften vereinige, auf welchen jener Steine Fähigkeit, zur lithographischen Zeichnung, Aetzung und Druck benutzt zu
werden, beruht. Eine solche Erfindung wäre sicher ein nicht
hoch genug anzuschlagender Gewinnst für die Lithographie.
Aber in Bezug auf jene hat im Gegensatz zu der Mehrzahl

der von Senefelder ausgeführten, die Praxis dennoch nicht seine wiederholt energisch ausgesprochene Ueberzeugung bestätigen wollen.

Vor Allem zu dem Zweck, diese Erfindung zu verwerthen, und ihr den allgemeinsten Eingang zu verschaffen, zugleich aber auch, um sein Lehrbuch der Lithographie zur französischen Ausgabe zu bringen, reiste er 1819 nach Paris. Er fand seine geliebte Kunst dort bereits in fröhlicher Blüthe.

Sein Werk gelang ihm, in Strassburg bei Treutel und Würz in französischer Uebersetzung in Verlag zu bringen. Einen Vortheil für sich bezweckte er so wenig dabei, dass er sogar jedes Honorar für die Ueberlassung des Textes zurückwies: das Buch gehöre bereits der Welt an. Vom Sohne seines Freundes Schlichtegroll übersetzt, erschien das Werk in demselben Jahr in England bei Ackermann unter dem Titel: „A complete History of lithography." An öffentlichen Anerkennungen hatte er seitdem Manches zu registriren: Die englische Society of encouragement verlieh ihm eine grosse, auf ihn geprägte, goldne Medaille mit der Inschrift; To the Inventor of lithography Mr. Alois Senefelder 1819.

Der Kaiser von Russland sandte ihm den üblichen Brillantring, ebenso der König von Sachsen. Und Ludwig von Baiern ehrte ihn 1826 durch Verleihung der goldnen Ehrenmedaille des baierischen Civil-Verdienst-Orden.

Paris hat ihn noch wiederholt gesehen. Ja, es gelang ihm, in der ersten Hälfte der zwanziger Jahre selbst das anfangs so viel bestrittene Unternehmen, dort selbst ein eignes lithographisches Institut zu begründen, dessen Leitung er dann Herrn Knecht überliess, als er wieder nach München zurückkehrte. Dieses Institut mit seinen 21 Pressen und im Besitz einer lithographischen Kreide, welcher sich keine der in Deutschland bis dahin gebräuchlichen vergleichen konnte, stellte durch seine Leistungen die Mehrzahl der Münchener Mutter-Anstalten in den Schatten. Immer bleibt es zu bedauern, dass Senefelder die Geschichte seines Lebens nur bis zum

Jahr 1818 geführt hat. Von da ab, also über die ganze lange
Periode der 16 Jahre seines verhältnissmässig ruhigeren Schaffens, lässt uns diese köstliche, reichströmende Quelle der durch
Inhalt wie Form gleich interessanten Mittheilungen im Stich.
Die Nachrichten Anderer über den ferneren Gang seines Lebens und seiner Arbeiten sind nur sehr fragmentarisch und
allgemein. Und doch ist diese letzte Periode sicher nicht
arm an charakteristischen Episoden gewesen. Fand doch sein immer ringender, vordringender Geist, der unerschöpflichen Fülle
der künstlerischen, wissenschaftlichen, technischen Probleme
gegenüber, welche auf so vielen ihm vertrauten Gebieten ihrer
Lösung harrten, keine Ruhe, so lange noch ein Pulsschlag in
seinen Adern zuckte. Er mochte aus voller Seele in das Wort
jenes, vom grössten Dichtergenius geschaffenen Urbildes alles
rastlosen, nie gesättigten Geisterstrebens einstimmen: „Werd'
ich beruhigt je mich auf ein Faulbett legen, so sei es gleich
um mich geschehen, so magst Du mich in Stücken schlagen,
so will ich gern zu Grunde gehe," Der Drang und die Leidenschaft des Erfindens war so stark in ihm, dass er auch da
nicht widerstehen konnte, wo er sich selbst wohlbewusst war,
dass die nothwendigsten Vorbedingungen, Studien und Kenntnisse der Sache ihm fehlten. So wurde er urplötzlich durch eine
von England ausgehende Preisausschreibung für die Erfindung
eines lenkbaren Luftballons bewogen, sich mit seinem gewöhnlichen Eifer in aërostatische Experimente und Constructions-
versuche zu versenken. Wie vorauszusehen, verlor er nur re-
sultatlos seine Zeit. Das Unternehmen, auch wenn es nicht
an der Unmöglichkeit einer Lösung der Aufgabe gescheitert
wäre, hätte schon der Mangel an den erforderlichen Vorkennt-
nissen vereiteln müssen, was er freilich zu spät inne wurde.
Dann wieder sehen wir ihn behufs der Herstellung gewisser
echter Färbemittel experimentiren — Cattundruck und Färberei blieben beständig sein Steckenpferd —, und wieder ab-
springen zu immer neuen Arbeiten an der Vervollkommnung
und Erweiterung der Methoden des Steindruckes. Dem Far-

bendruck besonders galten bis zu seinem Lebensende die eifrigsten Studien und Versuche. Seine erste Erfindung auf diesem Gebiet ist die in seinem Lehrbuch beschriebene des Druck mit verschieden gefärbten Tonplatten auf Papier und der Umdruck der Töne. von diesem auf die mit Oelfarbe grundirte Leinwand. In späterm Alter aber, um 1830, glaubte er das wahre Verfahren des wirklichen unmittelbaren Bilddrucks, d. h. des Abdrucks eines bereits als Ganzes aus seinen Farben combinirten Bildes entdeckt zu haben. Es scheint im Wesentlichen darin bestanden zu haben, dass er aus einer fettigen Masse verfertigte Farbenstifte als Pigmente benutzte, aus denen er mosaikartig das Bild zusammensetzte, das er dann mit einem festen Rahmen umschloss. Die Oberfläche dieser Stiftspitzen, mit scharfer Lauge behandelt, erweichte sich und bildete so eine druckfähige Masse für die darüber gepresste Leinwand.

Man weiss, dass ähnliche Versuche des Oelbilddrucks später von Lipmann in Berlin mit theilweisem Erfolg betrieben worden sind. Eine rechte Lebens- und Entwicklungsfähigkeit aber hat die Sache bei Beiden nicht gewonnen. Immerhin aber gelang es Senefelder von einer so hergestellten Oelbildcopie einige gute Abdrücke zu erhalten, wofür König Ludwig I. den Erfinder mit einem Ehrengeschenk von 1000 Gulden belohnte.

Er hatte das sechszigste Jahr erreicht, als diese Erfindung die lange Reihe der ihm gelungenen abschloss. Die Veranlassung dazu gab ihm, der nie zuvor die Malerei oder künstlerische Zeichnung geübt und studirt hatte, der noch in solchem Lebensalter mit Lust und Energie unternommene und mit Erfolg durchgeführte erste Versuch ein Gemälde in Oelfarben zu copiren. Während der Arbeit daran, die ihm Qual genug gemacht haben mag, soll der Gedanke in seinem nie rastenden Geist aufgestiegen sein, ein Mittel zu finden, um Andern solche Mühe, wenn auch nicht ganz abzunehmen, doch wenigstens durch ihre Reducirung und durch die einer solchen Copie gegebene Druckfähigkeit zu vermindern.

Jenes Bild, welches der Anlass zu dieser Erfindung geworden, wäre nach nicht ganz begründeter Meinung sein eignes Portrait gewesen. Dieses war von der Sachse'schen Kunsthandlung in Berlin bei Prof. Hauber in München bestellt worden. Mir
liegt ein eigenhändiger, mit, ich möchte sagen anmuthiger Hand-
schrift geschriebener Brief*) (vom 21. Jan. 1830) an den Chef
dieser Handlung und des mit ihr verbundenen lithographischen
Instituts, Herrn Louis Sachse vor, in welchem Senefelder ihn
benachrichtigt, dass das Bild in 3-4 Wochen wohlverpackt in
Berlin anlangen werde. Durch den Zufall, dass der König
erkrankte, sei die Kunstausstellung, auf welcher sich das
Portrait befände, verlängert worden und er habe es daher
nicht früher zurück erhalten können. „Nach dem allgemeinen
Urtheil sähe es ihm sehr ähnlich." In diesem Schreiben findet
sich auch der auf jene Erfindung des Oeldrucks bezügliche
Passus: „In Kurzem werde ich die Ehre haben, Ihnen etwas
von meiner neuen Erfindung des Mosaikdruckes zu schicken,
worin ich grosse Fortschritte gemacht habe" Auch spricht
er noch die Hoffnung aus: „künftigen Frühling habe ich im
Sinne, Herrn Knecht in Paris zu besuchen, weil ich gedenke,
daselbst den 2. Theil meines Lehrbuchs herauszugeben." Er
habe es „mit so vielen wichtigen und interessanten Erfahrungen
ausgestattet, dass er nicht zweifelt, viele Abnehmer zu erhalten."

Jenes Sachse'sche Institut war das erste lithographische
Privatetablissement, das sich in Berlin neben dem, unter
General Rühle von Lilienstern, durch Major v. Reiche ge-
leiteten, „Königlichen," aufgethan hatte und bald zu bedeuten-
den Leistungen auf dem Gebiet des künstlerischen Steindrucks
zumal gelangt war. Der Begründer und Leiter desselben,
Herr Louis Sachse, seit 1819 Privatsekretair Wilhelm von
Humboldts, 1821 unter der Beschuldigung dämagogischer
Umtriebe verhaftet und theils in Berlin, theils in Magdeburg
3 Jahre lang gefangen gehalten, hatte sich nach seiner Ent-

---

*) S. die Autographirung desselben in der Anlage.

lassung aus der Festung der Erlernung der neuen Kunst der Lithographie und des Steindrucks gewidmet und war zu diesem Zweck 1826 nach Paris gegangen. Dessen Ruf in Bezug auf lithographische Leistungen schien doch schon damals bereits den Münchens zu überstrahlen. Durch warme Empfehlungen Wilhelm von Humboldts an seinen Bruder Alexander in Paris wohl eingeführt, gelang es dem begabten, hochgebildeten jungen Mann leicht, in dem von Senefelder dort begründeten Institut, das nun unter Knechts Leitung stand, Aufnahme zu gewinnen. Nach neun Monaten gründlicher eifriger Arbeit an einer dort für ihn besonders aufgestellten Presse erklärte ihn sein Meister als fertig ausgebildet in allen Zweigen des Steindrucks. Sachse ging von Paris nach München, um dort, wenn möglich unter Senefelders Leitung, seine Studien fortzusetzen. Trotzdem man ihm viel von des Erfinders und hochverehrten Mannes Seltsamkeiten und der Schwierigkeit, von ihm aufgenommen zu werden, erzählt hatte, glaubte er in Knechts Fürsprache und Empfehlung doch die Sicherheit erhalten zu haben, dieselben glücklich zu überwinden. Herrn Sachse's Mittheilungen über seine Begegnung mit Senefelder, über dessen Verhalten zu ihm und Andern, schildern letztern so vortrefflich in seiner ganzen wunderlichen und liebenswürdigen Eigenart, dass ich das Charakter- und Lebensbild des Mannes, welches ich hier zu zeichnen versuchte, nicht besser zu vollenden und abzuschliessen hoffen dürfte, als durch eine sich möglichst treu an den Originaltext anlehnende Reproduction dieser Erzählung und Darstellung.

Herr Sachse traf im Herbst 1827 in München ein. Sein Vertrauen auf die mitgebrachten Empfehlungen durch Humboldt, Rühle von Lilienstern und Knecht wurde insofern nicht getäuscht, als Senefelder ihn wenigstens nicht, wie man ihn fürchten gemacht hatte, unter solchen Umständen einfach abweisen zu dürfen glaubte. Freilich äusserte er, dass es ihm sehr leid thäte, nur wenig für ihn thun zu können, da er selbst kein Etablissement mehr habe und nur noch für sich laborire und an der Vervollkommnung seiner Erfindungen arbeite. Indess möge Sachse ihn andern Morgens abholen.

Nun hatte Simon Quaglio, Sachse's Münchner Gastfreund, der bekannte Hoftheaterarchitekt und Decorationsmaler, jenen bereits über die Eigenheiten und Schwächen des genialen Mannes und seine häuslichen Verhältnisse manche nützliche Mittheilungen gemacht. Sachse war daher weniger überrascht und betroffen, als Madame Senefelder ihm andern Morgens bei der Vorstellung ein ziemlich saures verdriessliches Gesicht machte und dem Gemahl beim Weggehn gereizt und ärgerlich nachrief: „Vergiss nur über dem Berliner Herrn nicht, zur rechten Zeit zum Essen zu kommen.

Sie besuchten nun gemeinsam die Münchner Institute von Clemens Senefelder, dem dritten Bruder († 1833) des Alois, des Steuer-Catasters und des Herrn Siedler. Sie alle schienen dem Berliner nicht bloss im Vergleich zu den Parisern, sondern nicht minder auch zu dem Berliner Institut, das durch Helmchner damals bereits sehr anerkennenswerthe Sachen geliefert hatte, bedeutend Geringeres zu leisten. Nur in Siedlers Anstalt wurden überhaupt künstlerische Arbeiten gefertigt. Die ungenügende Kreide, mit welcher die Lithographen sich dort herum zu quälen hatten, erweckte Sachse's Verwunderung, wie sie mit solchem Material denn nur arbeiten könnten. „Das ist die beste, die es bis jetzt giebt," fuhr Siedler auf. Man stritt darüber, und um die Frage praktisch zu entscheiden, lud Senefelder seinen Gast ein, morgen früh selbst in seinem Laboratorium, dem sonst streng verschlossnen Allerheiligsten, vor seinen Augen die bessere Pariser Kreide, die er zu haben behaupte, zu kochen und zu probiren. Sachse beeilte sich, für diesmal ein längeres Zusammensein zu vermeiden, um nicht bei Frau Senefelder noch mehr in Ungnade zu fallen. „Ja da haben's Recht," sagte jener lächelnd zu ihm und drückte ihm die Hand, „also Morgen 9 Uhr im Laboratorium."

Mit einigem Zagen und mit desto grösserer Sorglichkeit

und Bedachtsamkeit schritt Sachse andern Morgens, als Senefelder das Laboratorium geöffnet hatte, ans Werk, und mischte seine Kreide nach Knecht's Recept. Senefelder sah schweigend zu, bis die gegossene Masse gepresst und geschnitten war. Dann sagte er: Keine Frage, dass sie durch das veränderte Verhältniss des Wassers und Unschlitts zum Mastix sich besser spitzen und gebrauchen lässt, aber ob sie auch steht? Schnell wurden die Versuche auf dem gekörnten Steine gemacht, Striche und Schraffirungen aller Art gezeichnet, diese geätzt und die Abzüge genommen; und zur hohen Befriedigung Beider zeigten sich auch die zartesten Töne und Linien unveräzt, wie sie gezeichnet gewesen.

Gleich beim Eintritt zu Siedler rief Senefelder: „Nun Siedler lassen's ihren Zeichner da prüfen, was der Berliner Herr g'macht hat, dass die Kreid' steht, dafür steh ich!" Der Zeichner war nach der ersten Probe der Freude und des Dankes voll gegen den Bringer dieser guten Gabe und Siedler feierte die neue Errungenschaft durch ein Frühstück beim Delikatessenhändler, das Senefelder weit über den von der Gattin gesetzten Termin vom häuslichen Mittagtisch fern hielt und sicher ihren strafenden Zorn auf sein schuldiges Haupt gelenkt haben wird. Gegen Abend desselben Tages erst führte er den Berliner in das Institut von Strixner, Piloty und Selb, wo jener dann endlich auch eine Anstalt kennen lernen sollte, deren Leistungen und Arbeitsprocesse nicht gar zu weit von den Franzosen überholt zu sein schienen. Aber Selb lud den Besucher keineswegs zum Wiederkommen ein. Sachse's Bedauern wies Senefelder mit den Worten zur Ruhe: „Ei loassen's gut sein, was der weiss, dös wissen's auch. Ich mocht sie nit ehr hinführen, denn man muss doch seine Leut' erst kennen lernen. Wie lang' bleiben's noch hier?" — So lang es mir vergönnt ist, mit Ihnen zu verkehren. — „Gutt, dann kommen's alle Morgen um 8 Uhr ins Laboratorium."

Sachse war glücklich; seine Münchener Bekannten verwundert. Bei Senefelder's Misstrauen und Vorurtheilen·sei das viel. Nach einem Leben und Erfahrungen, wie sie diese Blätter zu schildern hatten, ist das Misstrauen als die natürliche Frucht so häufigen Missbrauchs seines durch und durch redlichen Herzens und Wohlwollens sehr leicht erklärlich.

Sachse blieb zwei Monate lang des Meisters Genosse. Er fand Gelegenheit vollauf, Senefelder's wirkliche Genialität, ausgebreitetes Wissen, ungemeine Kenntnisse, namentlich in der Chemie, immer von Neuem zu bewundern.

Dabei sah er ihn in der Verfolgung eines Gegenstandes, einer neuen Idee, die er einmal erfasst hatte, eine erstaunliche Energie und Beharrlichkeit entwickeln. Dazu kamen seine originellen Eigenthümlichkeiten, der ganz besondere Habitus, mit dem er Alles anfasste und betrieb, um Interesse, Liebe und Verehrung für ihn beständig wachsen zu lassen. Wenn man nur Senefelders eigenen Bericht von seinem Leben oder jene ganz allgemeinen Darstellungen vom Verlauf desselben und von der Geschichte seiner Erfindung liest, so sieht es leicht so aus, als sei über der Leidenschaft und den Arbeiten des zu seinem Ziel mit Anspannung allen Geistes und Willenskraft vordringenden Erfinders, das, was seine Seele vordem in jungen Tagen erfüllt hatte, gänzlich untergesunken, ausgewischt von der Tafel seines Gedächtnisses für immer. Aber hat je schon ein Schauspieler und Theaterdichter, welche Wandlungen ihn auch im spätern Leben weitab von seiner ersten Heimath, der Bühne, geführt haben mögen, deren und seiner Liebe zu ihr völlig vergessen können?!

In Herrn Sachse's Mittheilungen empfangen wir die vorzüglichste Bestätigung dessen, was wir trotz Senefelders und der Andern Schweigsamkeit über diesen Punkt dennoch nie bezweifelt haben: zwischen all seinen Steinen und Pressen, Retorten und Tiegeln, im Dunst des Laboratoriums, im Drang der Arbeiten und der technischen Ideen, der Spekulationen, der Quälereien und Nöthe des Lebens, war er seinen Musen, den Göttern, zu denen er sich als Knabe und Jüngling bekannt hatte, nicht untreu geworden. Oft sah sein junger, auf

diesem Gebiete des Geistes und der Kunst nicht minder
heimischer, für diese Ideale nicht minder empfänglicher Eleve
den Meister, wenn er eben mit der Bereitung einer Steinplatte
beschäftigt war, mit aufgekrämpten Hemdärmeln und mit allen
Spuren der handwerklichen Druckerarbeit befleckt, wie vom
Dämon ergriffen aufspringen und mit höchstem Pathos und
im reinsten Dialekt des eingefleischten Alt-Baierns, Hamlets
„Sein oder Nichtsein" von Anfang bis zu Ende recitiren.

Wenn er so dastand, der kleine Mnnn mit dem runden
Bäuchlein, den Kopf vom langen wild verwirrten Haar um-
kränzt, mit den blitzenden kleinen geistreichen feurigen Augen
im Druckerkostüm mit nackten Armen und die hohen Dichter-
worte seinen Lippen entströmten, von den entsprechenden
Stellungen und Gesten begleitet, so glauben wir dem Zuhörer
gern, dass er bei aller Verehrung des Mannes nicht geringe
Mühe gehabt haben möge, des unwiderstehlich komischen
Eindrucks und seiner Heiterkeit Herr zu werden. Mit deren
Kundgebung wäre Senefelder keineswegs gedient gewesen.
War ihm die Sache doch heiliger Ernst, und gern sah er es,
wenn er von seinem befreundeten und in allen diesen Dingen
wohlbeschlagenen Widerpart die entsprechende Entgegnung
durch Recitation einer andern Dichterstelle erhielt.

Unermüdlich blieb er in thatsächlichen Beweisen seiner
Freundschaft, im Rathgeben, Warnen, Unterstützen, Fördern.
„Hüten S' sich vor dem viele Quacksalbere und Experimen-
tire," sagte er ihm einmal, „schauen's, alle Andre werden
reich durch mei' Erfindung und ich bleib ein armer Lump!"

Stets wechselten die Arbeiten im Laboratorium; Umdruck
alter Pergamente, Fabrikation des Steinsurrogats, die ersten
Versuche des Mosaikdrucks, ein neues Einschwärzungsver-
fahren — es ging wie im Laboratorium eines Alchimisten,
und Alles möglichst geheimnissxoll!

Des Leibes Nahrung und Nothdurft und besonders die
dazu vorgeschriebene Stunde wurde darüber vergessen. Es
bedurfte Sachse's dringender Erinnerungen und Mahnungen,

um sie ihm ins Gedächtniss zu rufen und ihn zum Heimgang zu bestimmen. Dadurch erwarb er sich die hohe, selten Jemand gewordene Gunst der gestrengen Gattin. „Man schaut, dass Sie ein ordentlicher Mann sind, denn der Alois ist noch nie so ordentlich zur Speis' kommen, als seiten Sie hier sind," hatte sie zu ihm gesagt. Er ist der von den andern Genossen Senefelders nicht eben freundlich angesehenen und kritisirten braven Hausfrau ein wohlwollender billig denkender Beurtheiler, und hält sie im Grund des Herzens für gut, wenn auch gänzlich ausser Stande, die Grösse und Genialität ihres Mannes zu verstehn oder ihn in seiner Eigenthümlichkeit richtig aufzufassen.

Schon Morgens früh stürmte der Gatte, den Kopf voll von Ideen davon. Kaum hatte er Mittags sein frugales Mahl verschlungen, so nahm er seine nie unterlassene Mittagslectüre vor, wobei er sich durch kein Gezänk der Frau, wie durch kein Kindergeschrei stören liess und oft stundenlang beharrte Und vom Buch eilte er nur wieder Ins Laboratorium, wo er braute und mischte, zimmerte und baute, bis die für das Baiernherz gebieterische Kneipstunde herankam. Um Hauswesen, Wirthschaft, Kindererziehung, wie ich schon oben aussprach, hat er sich auch nach Sachse's Beobachtungen nie bekümmert. Die Stimmung der prosaischen und zu solcher Art von Ehe und Hauswesen gelangten Frau erscheint ihm daher wohl begreiflich. Wenigstens hatte der Gatte ihr nie das unbedingte Reich im Hause bestritten. In ihre Hände legte er so vollständig alles Oekonomische, dass sie selbst sein Taschengeld verwaltete.

Was bei Senefelder über Alles imponirte war die Rapidität der Auffassung und die Festigkeit des Bewahrens. Sein Gedächtniss erschien wunderbar. Ausser in den Sprachen war er in allen Wissensfächern zu Hause, wusste von Allem mitzusprechen, und zwar gescheidt zu sprechen. Freilich hatte ihn all dieser Wissensreichthum, die freie allgemeine Bildung, wie die kindliche Güte des Hersens nicht vor einer gewissen

Enge mancher eingewurzelten Anschauungen, vor krassen Vorurtheilen zu bewahren vermocht. Das stärkste derselben war, wie so oft in altbairischen Gemüthern vor 1870, das gegen — die Preussen.

Er begriff sich selbst kaum, dass er Sachse so lieb gewinnen konnte trotz dieser schlimmsten aller Eigenschaften in seinen Augen. „I hätt's nie geglaubt," sagte er ihm bei der zärtlichen Abschiedsumarmung. „Die Preisse" erschienen ihm wie den heutigen Franzosen als der Inbegriff der Hinterlist, als die grössten Virtuosen der Verschlagenheit. Darin übertrafen nach seiner Behauptung diese Söhne des deutschen Nordens noch so weit die des schönen Italien, wie letztere — die Söhne des Vater Abraham.

Aber in der Praxis hat er mit seinem heitern, offnen, innigen Gemüth schwerlich die Kraft gehabt, nach solchen Ueberzeugungen auch gegen „dene Preisse" zu handeln, wo er zu ihnen in Berührung trat. Am wenigsten vermochte er, gegen wen es auch sei, zu grollen und sich zu verschliessen, wenn er — in seiner lieben Kneipe sass. Ueber jede Vorstellung genügsam, einfach in seinen Bedürfnissen, gleichgiltig gegen Essen und Trinken, concentrirte sich alles sinnliche Glück, das er vom Leben zu verlangen schien, im Genuss der paar Abendseidel in heiterer Gesellschaft. Dann war er der heiterste, witzigste Genosse, sprudelnd von Geist und Uebermuth, munter bis zur Possenhaftigkeit. Ein hübscher Zug seiner Selbstvergessenheit, welcher Sachse anführte, mag hier noch zum Schluss erwähnt sein. Nach anstrengender Morgenarbeit führt dieser ihn einmal zum Frühstück beim Delicatessenhändler. Der Wirth, Herr Inemann, begrüsst sie und bemerkt, was für ein schöner frühlinggleicher Tag das heut wäre und wir schrieben doch den 6. November. — „Den 6. November?" ruft Senefelder aus, „ja dann ist es ja aber heut mei Geburtstag und den hab ich ja seit drei Jahre vergesse und nit g'feiert!" — Dann haben sie das Versäumte gründlich nachgeholt beim Champagner. Frau

Senefelder, welche die, bei einer liebenden Gattin freilich schwer erklärbare, seltsame Vergesslichkeit so lange mit dem Gemahl getheilt hatte, wird wahrscheinlich durch diesen Tag des Vergnügens für ihn und des desto grösseren Aergers für sie selbst, für die übrigen Male seiner Wiederkehr von jener Vergesslichkeit gründlich geheilt worden sein. Seit jener fröhlichen Feier seines Geburtstages ist ihm derselbe nur noch sechs Mal wiedergekehrt. Im Winter von 1833 zu 1834 erkrankte er. Nach kurzen Leiden ist er am 26. Februar 1834 zu München verschieden.

Von seinen vier Brüdern hat ihn nur Theobald überlebt. Ein Sohn Heinrich, den er als 21jährigen zurückliess, eröffnete mit königlicher Unterstützung eine lithographische Anstalt. Er scheint wohl die geringe Fähigkeit des Vaters zu Erwerbung materiellen Gewinnstes, aber desto weniger von seinen sonstigen Gaben und Talenten geerbt zu haben. Er starb 1845, ohne irgend Früchte vom Betriebe jener Anstalt geerntet zu haben. Der Familie des Erfinders blieb der Ruhm und — die Noth als einziges Vermächtniss.

Freilich jene höchste, jene ideale Befriedigung, welche geistige Arbeit zu lohnen vermag: das, wass man gesät, noch mit eignen Augen herrlich aufgehn und tausendfältige Frucht tragen zu sehn, die beglückende Gewissheit sein zu nennen, dem anscheinend todten Fels durch Verstand und Geisteskraft den lebendigen Quell entlockt zu haben, der überall hin, wo sonst dürre Haide war, Erfrischung und fröhliches Gedeihen verbreitet, — dieser Lohn ist dem Meister in einem Maase wie wenigen Erfindern geworden.

Es kann nicht in meiner Absicht liegen und würde den Rahmen dieses Lebensbildes des Mannes weit überschreiten, hier an die Erzählung von seiner Laufbahn nnd seinen persönlichen Schicksalen, von seinem Schaffen und Arbeiten, Suchen und Finden, auch die fernere Geschichte seiner Erfindung bis auf unsere Tage, wenn auch nur in grossen allgemeinen Zügen entworfen, anschliessen zu wollen. Zu welchen

Leistungen sich die Lithographie besonders seit den letzten zwanzig Jahren auf jedem Gebiet ihrer Wirksamkeit und bei allen Culturvölkern, Deutschland, Frankreich und England an der Spitze, aufgeschwungen, welchen Grad der Vervollkommnung ihre technischen Processe gleichzeitig mit ihrer künstlerischen Behandlung errungen haben, — ist Jedem bekannt. Nicht allein jedes Kunst- und Buchhandel-Schaufenster, — unzählige Gegenstände des gewöhnlichen Gebrauchs, auf die man, durch die Gewohnheit gegen den Eindruck abgestumpft, wie als etwas ganz Selbstverständliches heut kaum noch achtet, können uns, sobald wir darauf merken, die Beweise geben, was aus der Lithographie und was sie für unzählige Gebiete des modernen Lebens geworden ist. Auch einzelne Namen rühmend herauszugreifen aus der Menge der hochverdienten Männer, Künstler und Techniker, Maler, Zeichner und Drucker, welche fortgearbeitet haben, den prächtigen Bau weiter zu führen, zu dem Senefelder den Grund gelegt und den ganzen Plan bereits fertig entworfen hat, unterbleibe hier lieber. Es sind deren zu viele der Männer und Institute in unsrer Stadt, im Vaterland wie im Ausland. Und sie Alle leben, auch ohne das im Munde derer, welchen die Sache der Lithographie am Herzen liegt. Unsere Zeit hat keine verkannten Genies, keine grossen Männer und keine grossen Leistungen mehr, welchen die verdienten Ehren verkleinert, verkürzt, vorenthalten würden. Die tüchtige That erntet heut den gebührenden Ruhm und seine Vortheile fast unmittelbar. — Und mit jeder neuen Generation werden wieder Andere in ihre Fussstapfen treten; — wir glauben nicht an die trüben Prophezeihungen vom Untergange der Kunst Senefelders. Neuere, grosse, umgestaltende Erfindungen, wie die der Photographie, mögen jener einzelne Zweige ihrer Thätigkeit abnehmen, oder sich auch mit ihr zu gemeinsamem Thun und Wirken verbinden. Aber ihre Lebenskraft ist unverwüstlich, wie es jene Bedürfnisse der modernen Welt sind, die sie zum grossen Theil erst hervorgerufen hat, indem sie ihnen in einer von keiner andern Technik erreichten Weise die Befriedigung verheissen konnte.

Dem frommen Wunsch, aus tiefem, vollem Herzen gequollen, welcher Senefelders Geschichte seiner Erfindung schliesst, ist heut schon die weiteste Erfüllung geworden: „dass diese Kunst bald auf der ganzen Erde verbreitet, der Menschheit dnrch viele vortreffliche Erzeugnisse vielfältigen Nutzen bringen und zu ihrer Veredelung gereichen möge."

„Dies gebe der Allmächtige!" so ruft er aus, „dann sei gesegnet die Stunde, in der ich sie erfand!"

Wir sagen Ja und Amen und setzen nur noch hinzu: und gesegnet Er, der sie erfand!

Additional material from *Alois Senefelder*
Erfinder der Lithographie

ISBN 978-3-662-30303-0, is available
at http://extras.springer.com